JACQUES DUCHAUSSOY

DE L'APPARENCE A LA RÉALITÉ

FRANCE LOISIRS
123, boulevard de Grenelle, Paris

Édition du Club France Loisirs — Paris
avec l'autorisation des Éditions du Rocher

ISBN 2-7242-0475-1

PROLOGUE

— *Celui qui ne sait pas, et ne sait pas qu'il ne sait pas, est un fou... fuis-le.*
— *Celui qui ne sait pas, et sait qu'il ne sait pas, est un enfant... éduque-le.*
— *Celui qui sait et ne sait pas qu'il sait, dort,... éveille-le.*
— *Celui qui sait, et sait qu'il sait, est un sage,... suis-le.*

Proverbe persan.

A ce proverbe nous pensons utile d'ajouter, toujours dans l'optique de cet ouvrage, trois pensées de saint Paul, malheureusement peu enseignées aux croyants :

« Examinez tout ce que l'on vous propose et ne retenez que ce qui vous paraît bon. » COR. X-15.
« Je parle, c'est à vous-même de juger ce que je dis. » COR. XI-13.
« Si notre évangile est voilé, c'est pour ceux qui périssent qu'il est voilé. » 2e COR. IV-9.

C'est à ce voile que saint Paul fait aussi allusion lorsqu'il dit que Moïse couvrait son visage d'un voile. Il s'agit là de ce que l'on nomme le Voile d'Isis, la Grande Mère de la Nature matérielle, voile qui sépare sa manifestation du monde divin où elle puise son énergie créatrice. C'est la toile de fond du décor derrière lequel il est indispensable de regarder et c'est sans doute à lui que le Titien faisait allusion dans un tableau du musée de Philadelphie où il nous montre un homme d'Eglise regardant à travers un rideau à moitié tiré.

INTRODUCTION

Dans les pages qui suivent, nous nous efforcerons de faire saisir aux lecteurs que le monde et, ce qu'ils croient être la vie, alors qu'il ne s'agit que de l'existence, ne sont que les ombres de la réalité qui, elle, transcende le monde phénoménal. Comme dans nos précédents ouvrages, nous ne prétendrons pas apporter ni enseigner une Vérité définitive et immuable, ce qui serait une profonde erreur et une mauvaise action à l'égard de ceux qui nous lirons. Nous chercherons à ouvrir quelques fenêtres et à suggérer certaines idées qui permettront aux lecteurs de penser par eux-mêmes et de chercher leur propre Vérité. La Vérité ultime étant inaccessible à la majorité des esprits humains, chacun peut néanmoins trouver une de ses multiples facettes, celle qui pour le moment et dans l'état d'esprit où il se trouve lui apparaîtra être Sa Vérité. Montesquieu déjà dans l'*Esprit des Lois* ne disait-il pas : « Quand vous traitez un sujet, il n'est pas nécessaire de l'épuiser, il suffit de faire penser. »

Nous considérerons donc comme un décor, le monde phénoménal où nous vivons et qui n'est qu'une projection de la Réalité, le mur qui est nécessaire à sa manifestation sous forme d'existence. La Vie par elle-même, émanation de l'Etre, de l'Unique Absolu, reste invisible et inconnue de l'homme, bien qu'imprégnant toutes les formes de sa manifestation. Platon nous signalait déjà ce fait dans son récit de la caverne où des hommes enchaînés ne pouvaient voir devant eux sur le mur que les ombres de ce qui se passait à l'extérieur dans la lumière de la réalité dont ils n'avaient pas connaissance.

Le but de notre vie, ou plutôt de notre existence, est de sortir de cette conception illusoire que l'on se fait du monde et qui nous y enchaîne. C'est l'expérience libératrice, quelle que soit la technique employée selon la nature de chacun : amour mystique ou recherche intellectuelle, qui nous permettra d'atteindre la Connaissance de la Réalité. La vie ne vaut que par l'expérience que nous en faisons et celle-ci est primordiale dans notre recherche intérieure.

Il n'y a rien en effet à trouver ou à espérer de l'extérieur sinon le fruit des cogitations de certains sages ou maîtres représentant ce qui fut la vérité pour eux mais pas forcément du tout celle qui vous convient. Evitons donc tout dogmatisme dangereux et restons dans le domaine du doute et de l'insécurité, le seul qui nous permette d'avancer sur le chemin de la lumière en remettant constamment en question les vérités provisoires auxquelles nous sommes parvenus au cours de notre ascension.

L'homme authentique est celui qui a vécu complètement la gamme de l'expérience sans être dupe. Toute expérience vécue engendre une connaissance qui elle-même évolue vers une libération. Pour être pleinement valable une expérience doit passer par les cinq zones constituant la structure de notre personnalité (zones physique, vitale, mentale, de la connaissance et de la félicité). Ces zones s'interpénètrent, de sorte que chaque expérience faite à l'un des niveaux peut donner l'expérience ultime. L'authenticité consiste à ne pas bloquer l'expérience dans une zone, fut-elle agréable, et à la laisser passer à travers les cinq plans. Cela est possible en la vivant complètement, sans tricher. Evidemment nous ne pouvons transcender que ce « à travers quoi » (trans) nous sommes montés (ascendere); et nous ne pouvons être libérés si le cadre de notre existence n'est d'abord posé et connu. Dans l'optique des cinq zones de notre structure, la félicité n'équivaut pas à une joie ou à un bonheur mais à une harmonisation, une neutralisation des opposés. La félicité donnée par l'expérience conduit à l'équilibre dans la mesure où nous laissons cette expérience traverser notre personnalité complète puis s'épanouir dans notre Soi supérieur.

Notre psychologie moderne oppose conscient et inconscient. Le conscient est ce qui est actuel; l'inconscient est un virtuel qui passe peu à peu à la conscience, qui s'actualise. Les cinq zones dont nous parlions plus haut sont du domaine de l'actuel, du monde phénoménal. Notre soi supérieur ou étincelle divine appartient au domaine caché, à celui du silence, dans le virtuel. L'actuel est une zone tourmentée par les conflits des opposés, tandis que le virtuel est une zone calme, libre de tout conflit. C'est là que se trouvent les leviers de commande de notre vie et que s'élaborent nos réflexes. C'est dans ce virtuel que nous pouvons obtenir une amélioration de nous-même et nous pouvons y atteindre par le calme, l'oraison, la méditation. Nous cherchons tantôt la félicité, tantôt la libération, deux choses qui ne sont pas en opposition mais qui ne représentent ni l'une ni l'autre la vérité. Celle-ci se trouve entre elles comme une réalité sous-jacente. Il nous faut arrêter l'oscillation entre ces deux termes ou buts et prendre conscience de l'intervalle. La félicité porte encore en elle une crainte de perte, la libération ne connaît pas de crainte de destruction. La libération en effet est notre jonction ou fusion avec l'Etre, qui lui, ne peut être perdu. Dans cette recherche nous constatons que la nature a posé en nos cœurs une soif de félicité. Mais nous l'interprétons mal et pensons qu'il s'agit d'une soif de bonheur. Nous cherchons alors à accumuler nos acquisitions, à *avoir* plus, alors qu'il s'agit d'*être*, de quitter le domaine de la quantité pour celui de la qualité. Intensément vécue une expérience peut, au-delà de la félicité, nous faire faire une percée dans le domaine du virtuel où réside notre étincelle divine. Nous sommes là à la source de la vie et récoltons une super-félicité harmonieuse dépourvue de toute crainte.

Cette notion d'avoir et d'être, de quantité et de qualité est très difficilement assimilable pour les esprits occidentaux imprégnés de cartésianisme et de matérialisme. C'est cette erreur d'interprétation qui a conduit nombre de savants et d'exégètes religieux à assimiler le vide dont parlent tous les textes mystiques de l'Orient avec le néant et à donner une interprétation totalement erronée du but de félicité suprême ou Nirvana qu'ils pensent être une chute dans le néant. Or le *Néant* appartient au monde phénoménal de la quantité dont il exprime la négation ou la perte totale, tandis que le *Vide* recherché par tous les ascètes et les mystiques est la qualité suprême de l'esprit et relève du monde spirituel et virtuel. Notre esprit dépouillé de tous les conditionnements des cinq zones du monde manifesté, et donc vidé de toutes ses entraves se trouve proche de sa fusion (comme disent nos mystiques) avec l'Esprit Cosmique, celui de l'Etre. Ainsi s'explique ce que pensait Jésus lorsqu'il disait : « Bienheureux les pauvres en esprit, car ils verront Dieu. » Celui qui a atteint cette libération totale de l'esprit ne connaît plus la souffrance qui, elle, fait partie du monde phénoménal des opposés. Notre souffrance naît de ce que nous sommes toujours à nous appuyer sur quelque chose de permanent, de stable, chose impensable et impossible dans le monde manifesté de notre existence. Nous sommes donc toujours déçus car la vie est impermanence, comme le fleuve dont parlait Thalès, dans lequel on ne peut se baigner deux fois... car il passe. Puisque nous ne pouvons échapper à cette règle, il nous faut adopter une autre attitude devant les choses manifestées par la Vie, et nous devons nous aussi, nous couler dans l'impermanence, c'est-à-dire éviter de nous attacher. Cette attitude est faite de spontanéité à chaque moment et n'exclut nullement l'amour mais seulement la possessivité. Cette impermanence est un renouvellement continuel, la fuite des choses fait place à un nouveau jaillissement. Etant à la recherche du détachement nous atteignons le Vide dont nous parlions plus haut, qui est un état de libération où il n'y a ni bonheur ni malheur, mais une lucidité qui fait porter sur les choses un regard égal. Beaucoup de ceux qui voudraient bien sortir du conditionnement de l'existence mais qui ont peur de se maintenir dans cet état de doute et d'insécurité, qui seul pourtant leur permettra d'atteindre au but, sont à la recherche du sage, du maître, du gourou, du directeur de conscience, dont ils attendent innocemment la révélation de la vérité et la réponse aux grands problèmes de l'existence. Or un véritable Sage sait qu'il n'a pas le droit de prendre totalement en charge une âme qui cherche sa voie, mais seulement de l'aider à découvrir par elle-même ce qui sera sa Vérité.

Actuellement encore, le plus souvent un véritable maître, et ce fut notamment jadis le cas de Cakyamouni (Bouddha), prodigue son enseignement par sa présence et son silence. La Vérité en effet est informulable et insaisissable; on ne peut la transmettre par la parole, mais en la vivant. Le silence du maître est un geste de non-identification avec les opposés. Le refus de répondre oui ou non provoque l'arrêt de la démarche dialectique et l'éveil de l'intuition qui englobe et transcende les opposés. La dialectique n'est utile que comme point de départ, mais doit être abandonnée pour ne pas sombrer dans les erreurs qui furent celles de la scholastique médiévale et contre lesquelles s'élevèrent de sages philosophes comme Francis Bacon dont l'œuvre maîtresse fut le « Novum Organum » destiné à remplacer l' « Organon » d'Aristote qui servait de base aux éternelles et oiseuses discussions des maîtres de la théologie de l'époque. La dialectique au début de notre recherche nous montre que la thèse et l'antithèse peuvent se résoudre dans une synthèse, qui malheureusement n'est pas une position définitive et devient à son tour une thèse qui automatiquement fait naître une antithèse... il ne s'agit donc que d'une démarche sans fin. Pour l'arrêter et en sortir, il faut changer de niveau, de plan, et atteindre l'intuition supérieure, englobante comme une super-synthèse transcendant la dualité. Cette unité retrouvée se manifestera dans le silence de l'esprit. Le sachant nous acceptons les problèmes et les contradictions qui se présentent à nous au cours de l'existence, comme des incitateurs à une mutation de notre personnalité. Rejetant la dialectique, l'intervalle virtuel entre le oui et le non est d'une autre nature que le oui et le non qui sont actuels; c'est notre propre profondeur, le silence originel. La vérité ainsi dévoilée est liberté au sens véritable du terme.

Dans l'existence de l'être complexe qu'est l'homme, coexistent la souffrance issue du monde phénoménal ou actuel, et la délivrance que nous propose de réaliser notre Soi supérieur depuis son plan virtuel. Dans le monde manifesté nous faisons l'expérience du néant causé par la souffrance et qui est contraction. Le contact, ou mieux la fusion avec notre étincelle divine dans le virtuel, nous donne l'expérience du Vide qui est expansion et plénitude. Dans le premier cas nous oscillons perpétuellement entre les opposés qui nous imposent une limite. Lorsque notre conscience touche le plan supérieur, nous devenons maîtres du mouvement. L'oscillation ne cessera pas pour autant puisque nous continuons d'exister dans le monde manifesté mais nous ne la subirons plus en victimes. La souffrance vient de ce que nous nous identifions avec les éléments de l'existence qui ne peuvent nous apporter ce que nous cherchons plus ou moins confusément. Notre quête se poursuit en vain, d'objets en objets qui ne peuvent jamais la satisfaire puisqu'en eux-mêmes ils ne sont rien qu'illusion. C'est, avons-nous vu, notre regard qu'il faut changer. Une philosophie orientale a même développé l'idée abstraite du vide, ou plutôt du néant de l'Etre en soi, cherchant ainsi à exprimer que l'Ultime ne peut jamais être saisi. On ne peut saisir la réalité du réel. Dès que nous voulons prendre ou avoir nous rencontrons le néant. Mais si nous ne pouvons « avoir », nous pouvons « être », devenir l'Ultime en vivant le vide. Lorsque nous avons utilisé notre pensée jusqu'à sa limite, jusqu'à son extrême pointe, il faut l'abandonner et il nous reste une lucidité intense et dépouillée dans le silence. Revenant alors au plan du quotidien nous ne cherchons plus à conquérir, à posséder, mais nous voyons toutes choses comme une manifestation sensible de l'Ultime qui nous a transformé. C'est là, la vraie libération, le Salut comme disent les chrétiens, dont bien peu comprennent et réalisent le véritable sens.

Puisque nous existons dans le décor du théâtre de la vie, et que nous désirons comprendre ce qui se passe derrière, dans cet envers du décor d'où se tirent les « ficelles » comme disent les machinistes, nous allons devoir nous pencher sur la constitution de cet être complexe qu'est l'être humain sinon découvrir le mystère de l'Etre. L'enseignement chrétien étant muet à cet égard, beaucoup ont cherché dans les livres sacrés de l'Inde la clef de ces mystères, mais n'ont pu en ouvrir toutes les serrures. Les Upanishads qui sont des commentaires des Védas, expliquent la signification mystique et secrète de ces textes. Ces livres, disent les sages, contiennent bien le commencement et la fin de toute connaissance humaine, mais ont cessé de les révéler depuis l'époque de Bouddha. Celui-ci fut en effet indigné de ce que l'on tenait la sagesse sacrée hors de la portée de tous sauf de la caste sacerdotale et résolut de la répandre pour sauver l'humanité entière. Nous retrouvons là un peu le problème d'Akénaton.

C'est alors que les brahmanes entamèrent cette lutte qui devait se terminer par l'expulsion du bouddhisme hors de la péninsule. Pour éviter que leur science et leur sagesse cachées ne tombent aux mains des profanes ils abrégèrent les textes des Upanishads, (un peu comme saint Jérôme le fit avec la Bible) sans changer toutefois un seul mot de ce qui subsistait. Ils détachèrent notamment les parties qui contiennent l'explication du mystère de l'Etre. Les fragments retirés qui étaient indispensables à l'intelligence complète des textes restent depuis vingt-cinq siècles sous la garde de certains initiés et les brahmanes purent ainsi nier publiquement la correction de l'enseignement de Cakyamouni en faisant appel aux Upanishads devenues muettes à ce sujet.

Un autre problème intéressant aussi l'Envers du décor et qui a fait l'objet de profondes cogitations dans les sphères religieuses et philosophiques est la création de l'Univers, la Cosmogenèse. Pour revenir à l'Occident et tenter l'élaboration d'une hypothèse constructive, nous pouvons nous référer à saint Jean, l'une des plus pures lumières mystiques et intelligences sacrées du christianisme. Nous voyons qu'il commence par nous dire : « Dans le Principe était le Verbe, et le Verbe était Dieu », puis : « Dieu c'est cette lumière avec laquelle toutes choses furent créées » (nous dirions : manifestées). Ces paroles écrites il y a vingt siècles, prennent un relief surprenant lorsque nous considérons les découvertes récentes de la physique moderne et de leurs imbrications métaphysiques, découvertes qu'Hermès Trismégiste condensait déjà en ces simples mots : « Tout n'est que vibrations. »

Dans ce que saint Jean nomme le Principe, le mouvement

éternel mais non manifesté, réside sous un aspect immobile, virtuel. Ce mouvement est la première qualité de la divinité songeant à se manifester. La seconde qualité qui naît est la lumière, cette lumière avec laquelle toutes choses seront créées. Il s'agit là d'une racine de substance subtile, immatérielle, peut-être un aspect du chaos primordial que viendra mettre en ordre, en lui donnant diverses densités vibratoires, la troisième qualité divine, démiurgique : le Son ou Verbe.

Ce Son (Dieu dit) agissant sur la Lumière primordiale, lumière noire que la symbolique hébraïque rattache à Binah [1], la Sombre, ou la Sagesse divine, provoque un rayonnement de chaleur qui est de la lumière objective déterminée par le « Fiat Lux ». Le déroulement de la manifestation, œuvre de la hiérarchie créatrice, nous conduit vers une sphère divine que les hommes ont appelé Vénus et qui avec Mercure règne sur la matière mentale. On sait également qu'à l'origine cette divinité symbolise l'élément primordial « Feu » qui dans un certain sens deviendra l'illuminateur de la conscience humaine. Le monde le plus bas, enfin, d'où se manifeste l'activité créatrice est la sphère astrale ou psychique de la Lune, mère de notre propre Terre et généralement représentée par des déesses vierges et mères, répliques inférieures de Binah, la mère des dieux. C'est de ce plan sublunaire, le plus proche de nous, que sous la direction de l'archange Gabriel, son esprit planétaire, des élohim tels Jéhovah et ses anges entreprirent la construction du monde matériel qui est le seul dont ils peuvent s'assurer la maîtrise.

Nous trouvons là le point de départ de nombreuses théories gnostiques et de leur interprétation par les manichéens et les albigeois ou plutôt les Cathares, car cette religion dépassa largement le comté de Toulouse et se manifesta dans toute l'Europe du XIIe siècle.

Après quelques insuccès, mentionnés à mots couverts dans certains textes sacrés, notre monde physique fut enfin créé et « Dieu vit que cela était bon » comme dit la Bible, parlant

1. La 2e Séphir de l'Arbre de vie dans la cabbale (voir chapitre Création).

sans doute du premier démiurge ou Verbe, mais que les hommes assimilent au démiurge inférieur et lunaire.

Tout le déroulement de cette cosmogenèse à partir de la lumière primordiale, au sein de cette vie une qui est la conscience universelle, nous conduit à une autre question : « Pourquoi un tel effort s'étendant sur des milliards d'années? » L'identité de la conscience dans le multiple, ou conscience individuelle, avec la conscience universelle et l'identité de cette dernière, avec le phénomène inconnu que nous appelons Vie, semble exclure l'hypothèse d'un dieu qui soit uniquement transcendant, et nous pouvons également le considérer comme immanent. Cette vie créatrice étant inextricablement mêlée à la matière ou à la substance, si subtile soit-elle, dont elle assure le maintien et l'évolution, nous pouvons nous demander si elle ne participe elle-même à cette évolution au cours de nombreuses expériences, faites dans la multiplicité, expériences dont les fruits seront recueillis au sein de l'Unité. Cette opinion présentée comme une hypothèse, ne paraît pas invraisemblable et semble du reste avoir été retenue par David ce grand inspiré qui fut l'héritier d'une vieille tradition. Le Psalmiste dit en effet, (psaume 110) que : « le Fils se tient à la droite du trône où son Père est assis mais qu'à la fin des temps, le Fils sera sur le trône, et le Père se tiendra à sa droite ».

Le Fils que les chrétiens appelleront le « Verbe Incarné », représente aux yeux de David la projection de la conscience divine dans la multiplicité où elle développe un accroissement de sa propre connaissance au cours des expériences ainsi vécues. Lorsque à la fin du cycle complet de manifestation, elle se résorbera dans l'Unité après que chacun de nous aura développé le Christ en soi, ce que Teilhard de Chardin appelle la Christogenèse, cette Unité se trouvera enrichie et supérieure à ce qu'elle était lorsqu'elle envisagea la création de l'Univers.

Nous allons essayer dans les chapitres qui suivent, en dehors des données balbutiantes de la science officielle, d'apporter quelques éclaircissements sur l'Univers et sur l'Homme, en nous référant aux éléments de la Tradition

Primordiale conservée dans les mystères des temples. Nous exposerons également certains éléments des arts ou sciences occultes par lesquels l'homme peut savoir et agir en manipulant des lois naturelles encore méconnues et niées par la plus grande partie des savants.

CHAPITRE I

La vie Une est omniprésente

> « *Objets inanimés avez-vous donc une âme qui s'attache à notre âme et la force d'aimer.* »
>
> Lamartine.

On a souvent dit que les poètes, un peu comme des médiums sentent la présence du monde subtil et invisible dans lequel nous baignons inconsciemment, le plus souvent, et sur lequel ils nous ouvrent des fenêtres. Ces deux vers à l'allure romantique, posent en effet un problème immense portant sur deux éléments : la Vie et l'Amour auxquels tant d'ouvrages ont été consacrés. Mais ici le problème concerne plus spécialement l'objet de notre étude qui est la présence de la Vie dans tous les domaines de la création, et celle de l'Amour, cet attribut divin qui lie entre eux tous les éléments de cette création et permet non seulement la cohésion de leurs particules, mais les rapports entre eux quels que soient les règnes de la nature auxquels ils appartiennent. L'influence de la pensée humaine et notamment celle des pensées d'amour même à l'égard des règnes inférieurs permet de produire de véritables miracles comme nous le verrons plus loin.

Jusqu'à ces dernières décennies, en effet, on avait tendance à ne considérer comme doués de vie que les animaux, dont l'homme naturellement et les végétaux. Encore pour les végétaux ne leur reconnaissait-on qu'une vie partielle formée d'automatisme et dépourvue de conscience et de psychisme. Quant aux minéraux, pierres et métaux ils paraissaient aux yeux de la science totalement dépourvus de vie. Or pour l'ésotérisme traditionnel il n'y a que la Vie Une et Omniprésente qui peut former et maintenir ensemble les atomes et molécules constituant tout ce qui existe dans l'univers. Chimistes et biologistes ont trouvé que la cause efficiente de ce que l'on appelle la vie serait l'ADN (acide désoxyribonucléique), mais ne font-ils pas là que repousser le problème car il faut bien une cause antérieure à la fabrication de cet acide et l'on remonte ainsi progressivement jusqu'à la cause des causes comme disent les mystiques, celle qui *est* par elle-même et n'a pas de cause.

Dans le chapitre sur la création nous verrons que cette Vie primordiale et universelle peut être considérée sous son aspect d'Intelligence universelle, ce qui explique bien des choses et résout des problèmes, faux du reste parce que mal posés, que se posent les hommes et les scientifiques.

La vie minérale

Nous en arrivons ainsi à concevoir une sorte d'âme minérale vivante avec un degré de conscience moins développé que dans les végétaux. Cet état d'âme dans le minéral serait le point inférieur de la courbe de la vie une, provenant du plan divin et descendant à travers divers plans subtils élémentaires ou atomiques qu'elle anime jusqu'à ce point final d'involution dans la matière, à partir duquel la vie va s'efforcer de se libérer. Elle tentera cette libération en développant sa conscience dans le végétal et l'animal puis sa soi-conscience dans l'homme. Cette seconde opération se situe sur une spirale évolutive ascendante devant la ramener vers sa source où elle se fondra dans la divinité, selon les mystiques, ou dans le point Oméga selon la terminologie de Teilhard de Chardin. Ce dernier qui a saisi l'Unité de l'Univers et de la Vie qui l'anime, avait, tout enfant, été frappé par la découverte de cette vie minérale. L'un de ses biographes, l'abbé Grenet raconte que l'un des trésors de sa collection de pierres d'Auvergne était un bloc de minerai de fer devant lequel il commençait à réfléchir, sinon à méditer, et qui aurait été à l'origine de sa vocation de chercheur.

Si l'on continue de se moquer officiellement des alchimistes, on sait néanmoins que la transmutation métallique existe et se fait même toute seule progressivement au sein de la terre. C'est ainsi que dans l'antiquité où l'on ne connaissait pas l'exploitation intensive des mines, on trouvait en surface des métaux purs, puis en descendant des alliages impurs et enfin le minerai non évolué. Or le traitement classique pour pratiquement tous les métaux, est de réduire le minerai d'abord en oxyde par l'action de l'oxygène agent vital par excellence. Mais les métallurgistes en laboratoire se trouvent maintenant devant un problème autrement troublant posé à la fois par les biologistes et les parapsychologues. Cette âme minérale, émanation de la vie et de l'intelligence universelles, serait déjà une sorte de psyché pouvant répondre à la volonté humaine. Les célèbres expériences d'un Uri Geller et de ses disciples ou concurrents ont permis aux métallurgistes de découvrir que la pensée agissait sur l'organisation interne des molécules constitutives, ce qui pouvait provoquer une transformation de l'aspect extérieur de l'objet.

D'autre part on sait maintenant que certains métaux, notamment l'étain, une des plus anciennes découvertes de l'homo sapiens, puisque la cuirasse d'Achille en était constituée, ont un état de santé comparable à celui des autres vivants. Ils peuvent attraper des maladies, des virus, et l'on voit l'étain attaqué par une sorte de cancer, devenir grisâtre et tomber en poudre sans possibilité de le ramener à son état premier. Quant au fer, ce métal maudit par excellence, déjà la Bible en interdisait l'emploi pour la construction du Temple, et même la circoncision s'opérait avec un couteau de pierre. Ce serait l'emploi inconsidéré du fer qui aurait provoqué selon certains, la destruction de la civilisation atlante. Ce fer curieusement est le plus périssable d'entre tous, et son séjour à l'air ou dans la terre amène sa disparition de sorte que nous ne saurons jamais si certaines civilisations proto ou préhistoriques l'ont connu ou non. Par contre, l'aluminium que nous considérons comme une découverte toute récente (sous Napoléon III) était connu des Chinois et on a retrouvé une boucle de ceinturon en duralumin dans une tombe datant de quatre mille ans.

Cependant, dès 1898, le professeur J. C. Bose avait montré devant la Société royale britannique pour l'avancement des sciences, le résultat de son étude comparée entre les courbes des réactions moléculaires des substances inorganiques et des tissus vivants d'origine animale. C'est ainsi que les courbes produites par de l'oxyde de fer magnétique légèrement chauffé, ou un morceau de fer-blanc, étaient semblables à celles d'un tissu musculaire. Dans les deux cas, la réponse et la récupération diminuaient avec l'effort et la fatigue s'effaçait par un massage ou un bain d'eau chaude. Bose insista sur l'unité fondamentale qui régit l'apparente diversité de la nature et déclara que le fossé qui sépare l'animé de l'inanimé n'est pas aussi large qu'on le croit généralement.

La vie végétale

La vision du poète et du philosophe qui voyaient dans les plantes des créatures vivantes qui respirent et communiquent, douées de personnalité et des attributs d'une âme, est à présent confirmée par les faits. Nous venons de voir en effet que dans le minéral existe un courant de vie, peut-être dépourvu de conscience individuelle au sens où nous l'entendons, mais qui le fait réagir dans des conditions fort semblables à celles des tissus animaux. En ce qui concerne les végétaux, nous leur accordions bien le privilège de la vie puisque nous les voyons naître, se développer, se reproduire et mourir, mais communément nous ne leur reconnaissions pas une psyché et une sensibilité personnelle, poursuivant l'idée d'Aristote qui déjà leur accordait une âme mais pas de sensations. Et pourtant depuis le siècle dernier des penseurs et des chercheurs généralement mal vus des savants officiels, se sont penchés sur le problème de la conscience des végétaux, et en ont apporté des preuves. (Cf. « la Vie secrète des plantes » de Peter Tompkins et Christopher Bird.)

Le premier à s'y intéresser fut semble-t-il le poète Goethe. Dès sa jeunesse le besoin de percer à jour les secrets d'une création et d'une destruction constante dans la nature, l'amenèrent à s'intéresser au mysticisme et à l'alchimie et à découvrir J. Boehme, Spinoza, G. Bruno et Paracelse le médecin miraculeux. La lecture de ce dernier lui apprit que l'occulte, parce qu'il a trait à la réalité vivante et non à des classifications officielles, pourrait être plus proche de la vérité que la science des botanistes. Mais il apprit surtout que les richesses de la nature ne peuvent être découvertes que par celui qui communie avec elle. Contrairement à la théorie matérialiste qui sera celle de Darwin, Goethe pensait que les modifications observées dans l'évolution des espèces représentent diverses expressions de l'archétype original, lequel choisit la forme qui, à un moment donné, s'adapte le mieux aux conditions de l'environnement : conception platonicienne d'une évolution créatrice.

En 1848, Fechner professeur de physique à Leipzig publie « Nanna ou la vie de l'âme des plantes ». Devenu professeur de philosophie il enseigna que toute vie est une et qu'elle ne prend des formes variées que dans un but de diversité. D'autre part, en Californie, L. Burbank un pépiniériste qui deviendra célèbre par de véritables miracles accomplis dans son domaine d'activité, disait : « Ecoutez respectueusement les leçons que Mère Nature nous apprend une à une, éclairant ce qui était un mystère... l'homme a enfin trouvé une base solide pour sa science, ayant découvert qu'il fait partie d'un univers éternellement instable dans sa forme et éternellement immuable dans sa substance. »

Comme lui son confrère Carver découvrit que les plantes sont sensibles à l'amour qu'on leur porte et souffrent des pensées cruelles que l'on a à leur égard. C'est lui qui disait : « lorsque je touche une fleur, je touche l'infini ; à travers elle, je parle à l'infini, cette force silencieuse. Il s'agit d'un contact dans le monde invisible ». Nous pouvons aussi revenir à l'éminent professeur Bose dont nous avons parlé à propos de la vie minérale. Il passa vingt ans à étudier la vie dans les plantes et à tenter d'obtenir de celles-ci un signal de réponse à certains stimuli.

Ayant mis au point un enregistreur optique de pulsation, il put observer les mouvements d'organes végétaux restés cachés. Il releva les caractéristiques d'un système nerveux, constata que comme nos muscles, les plantes accusent la fatigue, puis récupèrent leurs forces, et enfin qu'en mourant la plante dégage une énorme quantité d'électricité statique.

Contrairement à ce que l'on pense, il s'aperçut qu'un excès d'oxyde de carbone pouvait les suffoquer et que l'oxygène les ramenait à la vie, comme les animaux. Il constata aussi qu'elles manifestaient les symptômes de l'alcoolisme si on leur administrait des doses de gin ou de whisky. Enfin comme chez les animaux, la sensibilité des plantes peut être endormie par l'administration de chloroforme ; il put ainsi transplanter un arbre adulte sans aucune des difficultés habituelles après l'avoir chloroformé, le vent se chargeant ensuite de réveiller le sujet inconscient. Il pouvait alors déclarer devant la Société royale qu'il reconnaissait là des éléments de l'Unité omniprésente qui enveloppe toute chose, et rappeler ce message vieux de trois mille ans : « à ceux qui ne voient qu'Un dans la diversité des facettes toujours changeantes de notre univers, appartient la Vérité éternelle... à personne d'autre ».

Par ailleurs, depuis 1960, un certain nombre d'expériences ont démontré que les plantes étaient sensibles à la musique et instinctivement savaient le genre de musique qui leur était favorable. A titre expérimental on a placé un certain nombre de plants de fleurs identiques et soignés de la même façon, les uns dans un jardin, les autres pendant quelques semaines dans un local où avec un magnétophone, une demi-heure par jour, on leur donnait de la musique, juste avant le lever du soleil. L'expérience fut reprise sur des terrains plantés de riz, de maïs, d'arachide, de tabac, où avec gramophone et haut-parleur certains lots furent gratifiés de musique 12 ou 24 heures par jour. Les récoltes ainsi obtenues furent supérieures, selon les plantes de 25 à 70 % à celles des lots témoins.

De nombreuses autres expériences confirmèrent qu'en règle générale, les ondes sonores harmoniques affectent la croissance des plantes et la production de fleurs, de fruits et de graines. Un jour cherchant quelle pouvait être la note la plus favorable à la vie des plantes, l'expérimentatrice choisit d'abord le « fa », note que l'ésotérisme nomme la tonique de la nature, par opposition au « la », tonique de l'esprit. Ce « fa » fut joué sans interruption pendant huit heures dans une des chambres d'essai et seulement trois heures par intermittence dans une autre. Dans la première toutes les plantes étaient mortes au bout de deux semaines tandis que dans la seconde elles se portaient beaucoup mieux que les témoins voués au silence. Les scientifiques furent déconcertés de ce résultat et pensèrent qu'ils avaient rendues folles celles du premier lot. Nous pouvons supposer qu'il s'agit là d'un phénomène identique à celui cité plus haut de l'oxyde de carbone, indispensable à la vie des végétaux mais qui administré en excès les suffoque à mort si on ne les soigne pas avec de l'oxygène. Une autre très curieuse découverte est celle de la réaction des plantes, légumes, fleurs ou céréales aux différents genres de musique. On traite simultanément deux lots identiques, l'un avec de la musique classique : Beethoven, Brahms, Schubert, Bach, etc. et le second avec de la musique « rock ». Ceux du premier lot poussèrent en direction de la source musicale (un transistor), montrant une préférence marquée pour Bach, et cherchant même à s'enrouler autour du poste émetteur. Dans le second lot, les plantes cherchaient à s'éloigner au maximum de la source sonore. Des essais repris avec la musique « rock » montrèrent dans les premiers jours, soit une croissance démesurée, soit un arrêt total de cette croissance, puis après quinze jours la mort de tous les plants, bien que ces végétaux traités au « rock » aient consommé le double d'eau des plants témoins. On nota aussi la préférence des plantes pour les instruments à cordes vers le son desquels elles s'inclinent de quinze degrés par rapport à leur axe vertical, tandis que les sons des cuivres et des percussions les font s'écarter de dix degrés. Cela ne peut manquer de nous faire penser à la lyre d'Orphée ou à celle d'Apollon. L'auteur de ces découvertes, Dorothy Retallack, s'inquiéta alors de l'influence que cette musique « rock » pourrait avoir sur l'espèce humaine qui moins intuitive et instinctive que les plantes ne semble pas craindre ce danger. A la recherche d'une base philosophique pour ses travaux, elle apprit que Enoch (« le Livre d'Enoch » éd. Laffont) déclarait déjà que : « tout dans l'univers depuis l'herbe des champs jusqu'aux étoiles recèle son esprit et son ange individuel » et qu'Hermès Trismégiste disait : « que les plantes ont une vie, une intelligence et une âme comme les animaux, les hommes et les êtres supérieurs ». La Chine antique pensait que la musique est intimement liée aux relations humaines et à l'esprit vital des hommes; et les prêtres égyptiens avaient dédié sept sons sacrés aux sept planètes principales dans le but de permettre à leurs divinités régentes de transmettre leur influence aux hommes. L'ésotérisme traditionnel a pieusement conservé ces concordances sonores et planétaires parmi tant d'autres permettant de relier l'homme au cosmos. Mais plus curieux encore, on vient de découvrir récemment que les plantes, comme les chiens, peuvent distinguer des sons inaudibles à l'oreille humaine, et réagir à toutes sortes d'ondes invisibles. Le biologiste viennois Francié constate en outre que tout le règne végétal répond aux mouvements de la Terre, de la Lune et même des planètes.

L'homme ignorant a tendance à se moquer de l'alchimiste qui recueille le matin la rosée qui sera à la base de ses travaux. Pourtant Paracelse se servait de cette rosée pour guérir les malades. De nos jours un Anglais Ed. Bach et un Ecossais Mac Innès disciples de Paracelse, au lieu de recueillir la rosée ce qui est long et laborieux, font séjourner des plantes cueillies à maturité pendant la pleine lune dans de l'eau exposée au soleil. Après quelques heures, l'eau est imprégnée des vibrations et des pouvoirs de la plante, et mise en flacon, peut garder ces propriétés une vingtaine d'années. Cet élixir commercialisé sous le nom d' « Exaltation florale » permet de guérir toutes sortes de maladies, en rétablissant dans le corps de l'homme l'harmonie vibratoire détruite par la vie moderne, et en élevant son taux de vitalité.

Cette même Exaltation vaporisée sur le sol en augmente

considérablement la fertilité. Nous trouvons avec cet élixir une forme de l'Homéopathie primitive, due à Paracelse, que certains alchimistes et médecins français tentent actuellement aussi, avec des techniques personnelles de remettre à l'honneur en obtenant le plus souvent des succès évidents là où la médecine classique s'avère impuissante.

CHAPITRE II

La création

Nous devons considérer au départ, la source d'énergie universelle qui dans son état virtuel de neutralité harmonieuse est réellement l'Inconcevable pour l'esprit humain qui le qualifie d'Absolu, d'Inconnu inconnaissable et que plus simplement l'Orient nomme « Cela ». Cette source de toute énergie serait l'aspect suprême de ce que les chrétiens appellent Dieu. C'est au sein de cette énergie que se différencie notamment celui qui sera le Dieu de notre Univers. A ce moment il est encore sans attribut mais contient en potentiel : l'Espace, la Vie, le Mouvement. Lorsqu'il va envisager de créer son (ou notre) Univers, on peut lui reconnaître trois attributs : la Volonté, la Connaissance, l'Activité, correspondant respectivement à ce que nous nommons : le Père, le Fils et le Saint-Esprit. Notons que la Connaissance donne également au Fils la Sagesse et l'Amour. Ces aspects sont émanés de la divinité comme la grande Maya ou racine de ce qui sera la matière et que Dieu émane de son unité pour pouvoir se réfléchir en sortant de son état neutre. C'est la différenciation primordiale qui donnera le positif / négatif et le masculin / féminin.

Sous son aspect de Fils, le dieu créateur, toujours trinitaire, donne sur le plan potentiel de l'esprit : l'Immutabilité, l'Aperception et la Vie, tandis que le Saint-Esprit, lui, agissant sur la racine de la matière va lui fournir trois qualités : l'Inertie, le Rythme, la Mobilité. L'action respective

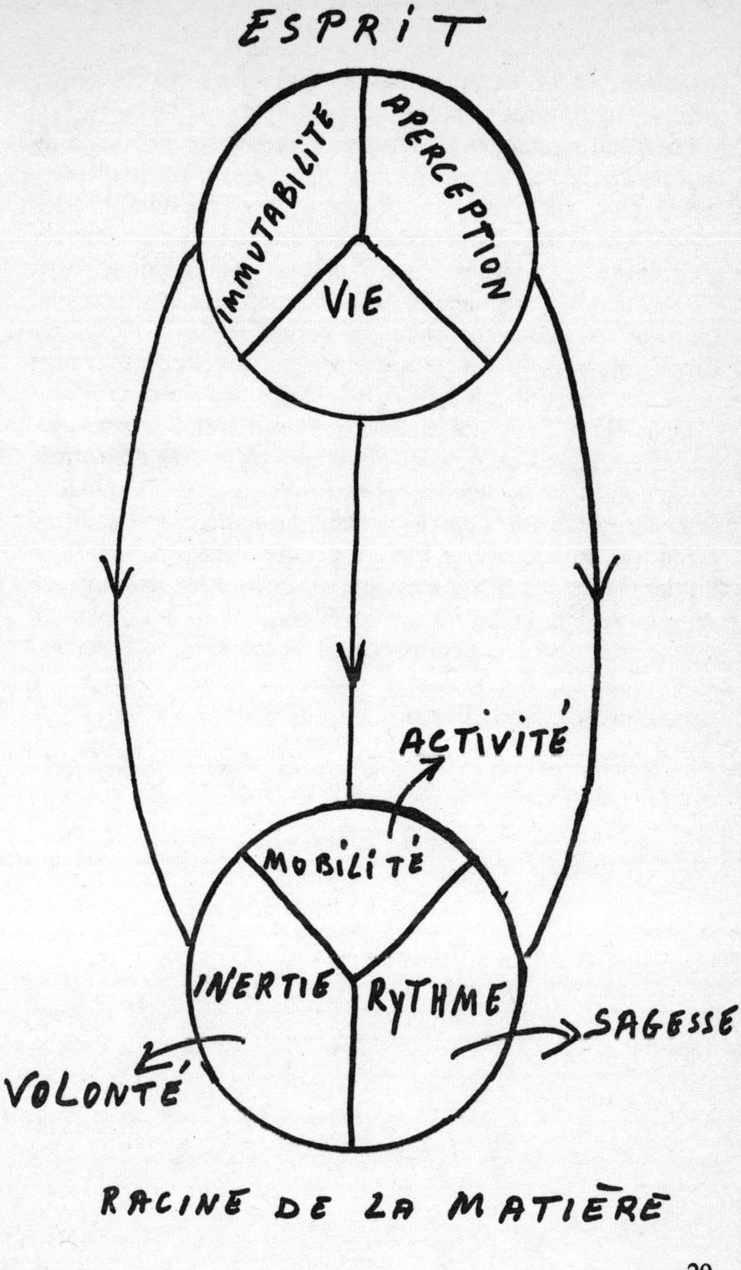
ESPRIT
IMMUTABILITÉ
APERCEPTION
VIE
ACTIVITÉ
MOBILITÉ
INERTIE
RYTHME
SAGESSE
VOLONTÉ
RACINE DE LA MATIÈRE

des trois premiers sur ces trois dernières provoquera la naissance de la Volonté, de la Sagesse et de l'Activité, attributs nécessaires de notre Dieu Créateur.

Le travail créateur de ce Dieu va s'étendre sur des milliards de nos années et se répartit en quatre périodes immenses, séparées par des périodes de repos, et d'assimilation des expériences faites. Ces périodes actives sont souvent nommées « Chaînes ». La première, archétypale est qualifiée de « Corps de Ténèbres », la seconde créatrice fut nommée le « Corps de Lumière du Jour », la troisième, formative : « le Corps du Crépuscule », la quatrième et dernière enfin, celle où se trouve notre Terre actuelle est appelée « le Corps de l'Aurore ».

Dans chacune de ces chaînes la Vie descend progressivement dans la matière qu'elle anime ; puis elle y crée des formes où le conflit va éclater entre les forces involutives qui font descendre cette *Vie Conscience* dans la matière, et les forces évolutives de cette même Vie qui commencent à naître. Dans un dernier stade, la Vie remonte vers sa source par suite de cette évolution, et les formes qu'elle anime sont de plus en plus spiritualisées pour atteindre à la fin le développement entier, parfait, des archétypes signifiés comme but par le mental divin avant la descente involutive de la *Vie consciente*.

Voir annexe (I)

CHAPITRE III

L'arbre de vie

La tradition hébraïque de son côté a tenté d'expliquer le mystère de la création ou de la manifestation divine, par un glyphe nommé « Arbre de Vie ». Celui-ci composé de trois piliers portant dix sphères effectives, ou séphiroth, plus une secrète (Daath), est destiné à représenter le Cosmos, et en l'inversant, l'âme de l'homme dans son rapport avec le cosmos. Si nous réunissons toutes les sphères entre elles, nous obtenons les trente-deux voies de la Sagesse. Ces sentiers sont des phases de conscience subjectives tandis que les séphiroth sont objectives. Celles du pilier central représentent des degrés de conscience : Malkuth, la conscience physique, Yesod, la conscience psychique ou astrale, Tipheret la conscience illuminée et Daath la réalisation de la conscience : la Connaissance, la Sagesse, le Pouvoir.

Cette réalisation dans le sein de la Mère a lieu sur le sentier reliant le Père et la Mère divins (Chokmah et Binah), premièrc différenciation de l'Unique permettant la création du monde phénoménal. Les trois piliers composant l'Arbre de vie sont : le pilier de la Rigueur, celui de la Miséricorde et au centre celui de l'Equilibre.

Sur celui de la Rigueur ou de la Sévérité, qui est négatif et féminin, nous trouvons en descendant les séphiroth suivantes :

1° Binah, la grande Mère, correspondant dans la symbolique planétaire à Saturne, et constructrice de la Forme.

2° *Géburah* (Mars) représente la force statique, avec le tempérament guerrier de cette planète considérée comme maléfique astrologiquement et dont l'aspect négatif est destructeur.

3° *Hod* (Mercure) correspond à Hermès et gouverne l'Intellect concret.

Sur le pilier de la Miséricorde, positif et masculin nous trouvons :

1° *Chochmach,* l'origine de la puissance mâle, de la Force qui agit sur la forme. Au point de vue astrologique et planétaire on l'assimile au Zodiaque.

2° *Chesed* (Jupiter) porteur de la Force dynamique avec le caractère bénéfique de législateur, d'organisateur.

3° *Netzah* (Vénus) représente la Force élémentale, l'Instinct et l'Intellect abstrait par opposition à celui de Hod. Leur union forme l'hermaphrodite dont parle toutes les religions traditionnelles.

Sur le pilier de l'Equilibre nous trouvons :

1° *Kether,* la racine de l'Etre Universel, la première activité manifestée et le premier mouvement giratoire. C'est l'Ishvara des Indous et le Dieu des chrétiens.

2° *Tipheret,* appelée « la sphère des Messies », représente la conscience illuminée et sur le plan humain du microcosme, l'individualité en rapport avec l'Ego. Sur le plan planétaire, Tipheret correspond au Soleil.

3° *Yesod* (la Lune). C'est le psychisme astral, le fondement de la vie manifestée sur le plan physique. Cette sphère est le réceptacle de toutes les émanations des séphiroth qui la précèdent dans l'Arbre. Sur le plan humain elle dirige les organes de la génération.

4° *Malkuth* (Terre) correspond au niveau de la conscience sensorielle.

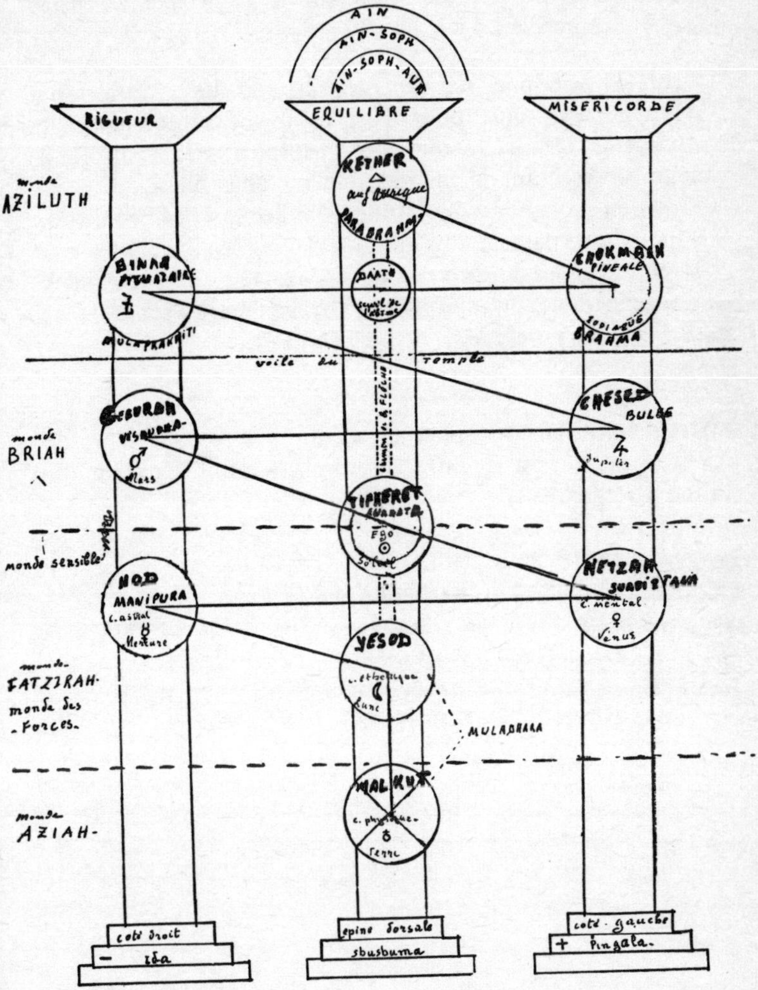
AIN
AIN-SOPH
AIN-SOPH-AUR
RIGUEUR
EQUILIBRE
MISERICORDE
monde AZILUTH
KETHER
BINAH
CHOKMAH
PINEALE
ZODIAQUE
BRAHMA
voile du temple
CHESED
BULBE
Jupiter
monde BRIAH
Mars
TIPHERET
Ego
Soleil
monde sensible
MANIPURA
c. astral
Mercure
c. mental
Vénus
YESOD
Lune
MULADHARA
monde des Forces
c. physique
Terre
monde AZIAH
coté droit
- ida
epine dorsale
coté gauche
+ pingala

5° *Daath,* le sentier caché dans le sein de la Mère, correspond au sommet de la Shushuma, canal central psychique de la colonne vertébrale. C'est le sommet de la pyramide du Macroprosope ou homme universel dont la tête ne peut atteindre Kether, le Logos.

Pour les personnes désirant approfondir les symboles de l'Arbre de Vie, tant pour l'aspect direct représentant le macrocosme ou univers, que pour l'aspect inversé de droite à gauche représentant le microcosme ou âme humaine, nous mettons en Annexe II une étude détaillée sur les séphiroth. Signalons au passage qu'un aspect nouveau adapté aux différentes parties du « corps humain » a été traité par Annick de Souzenel dans son intéressant ouvrage : « De l'arbre de vie au Schéma corporel » (éd. Robert Dumas).

Pour saisir la correspondance entre les Sephiroth et les Chakras étudiés au chapitre IX, voici les noms sanskrits des différents chakras :

le chakra racine	MULADARA
— ombilical	MANIPURA
— cardiaque	ANAHATA
— de la gorge	VISOUDHA
— frontal	ADJNA
— coronal	SAHASRARA

CHAPITRE IV

Le septenaire

Le septenaire, nombre selon lequel agit le créateur lunaire du monde matériel (démiurge), suivant toutes les traditions ésotériques et alchimiques, a toujours été considéré comme le nombre de l'Homme car il est formé de 3 + 4 : la triade spirituelle et le quaternaire matériel se rejoignant dans le symbole de la pyramide. Il symbolise également l'homme cosmique ou les pouvoirs créateurs. Dans toutes les religions du monde nous trouvons en effet à la base de leurs métaphysiques l'idée de la création ou de l'existence des dieux précosmiques ou des sept constructeurs.

Les diverses explications données par l'ésotérisme de chacune d'elles peuvent se schématiser dans le cadre suivant :

Tout d'abord, la divinité cachée, base et origine de tout. Ce tout étant symbolisé par le cercle. Ensuite, le rayon de cette divinité tombe dans la matière cosmique primordiale : c'est la première manifestation, la création du premier monde ou ciel supérieur. Dans celui-ci le Seigneur impénétrable devient l'Unique, le point centre du cercle parce qu'il est indivisible et ne peut renfermer aucun deux.

Puis le résultat androgyne de cette première manifestation est une double force, abstraite, positive et négative, mâle et femelle, personnifiée. Sa représentation symbolique est le cercle divisé en deux par son diamètre. A cette image de ce qui se passe sur le plan macrocosmique semble pouvoir se rattacher le récit humoristique mais également symbolique de

Platon qui l'applique au niveau microcosmique pour en faciliter la compréhension. Platon nous raconte en effet que le Démiurge créa la première humanité (peut-être encore au niveau de l'Adam-Kadmon), en forme de boules androgynes qui se déplaçaient en roulant. Ces hommes ronds décidèrent un jour de ne plus rendre les hommages et sacrifices rituels au démiurge créateur et s'élancèrent en roulant pour gravir l'Olympe, et venir contester auprès du maître des dieux. Ennuyé de cette désobéissance, Zeus, un peu comme Jéhovah qui expulsa Adam et Eve de l'Eden, décida de couper en deux ces boules afin que chaque moitié ne conserve qu'une des deux polarités. Zeus estimait ainsi, au dire de Platon, que ces moitiés lâchées dans la vie matérielle auraient fort à faire pour essayer de retrouver l'autre moitié correspondante afin de revenir à l'androginat primitif et que pendant ce temps elles ne chercheraient plus à venir ennuyer les Olympiens.

Mais revenons au plan macrocosmique; la double force dont nous venons de parler se divise à son tour en sept forces distinctes qui sont les pouvoirs créateurs ou vertus de Dieu. Ceux-ci dans le symbolisme chrétien sont devenus nos archanges auxquels les peuples méditerranéens ont donné des noms et dont ils avaient fait l'âme des planètes qui constituent les corps et les royaumes de chacun d'eux, comme l'indique le tableau suivant :

	Égypte	*Chaldée*	*Israël*
	—	—	—
Soleil	Pi-Râ	Michaël	Michel
Lune	Pi-Joh	Gabriel	Gabriel
Mercure	Pi-Hermès	Raphaël	Raphaël
Vénus	Suroth	Anaël	Jophiel
Mars	Ertost	Samuël	Chamaël
Jupiter	Pi-Zeous	Zakariël	Zadkiël
Saturne	Rempha	Oriphiel	Uriel

Nous pouvons constater que ces divers noms n'ont pas été choisis au hasard. C'est ainsi par exemple que, EL signifiant simplement Dieu, nous trouvons dans Michaël, le Mécha des Indes, signe zodiacal du Bélier où le soleil est en exaltation. En Egypte, Pi-Joh nous indique la partie mâle de l'élohim Joh-Héva (Jéhova) qu'adoptera Moïse. Suroth nous conduit vers le Surya védique, tandis qu'Anaël est le vieux dieu au taureau ANA, dieu cornu et esprit mâle du croissant de Diane ou de la Vénus domiciliée dans le signe du Taureau. Dans le monde céleste l'Unique devient deux : Père/Mère, puis trois avec le Fils, et donne enfin le quatre sacré. Celui-ci fut symbolisé par le cercle divisé par la croix, puis par la Tétractys de Pythagore :

Dans cette figure, triangle équilatéral composé de dix points, le sommet représente l'Unique et la base de quatre points la réalisation matérielle. Si nous ajoutons à cette base la ligne supérieure de trois points, la triade spirituelle, nous avons l'homme, le sept. Les deux points qui dominent ce septenaire, en s'y ajoutant donne l'Ennéade (le 9) le nombre sacré de l'Etre et du Devenir chez les Grecs et les Alexandrins. L'ensemble du triangle donne le nombre dix, celui de la Nature Créatrice dont la synthèse est le Verbe. Dans ce nombre, le zéro procréant et multipliant sans cesse en union avec le Un ou esprit de Vie donne dix : la Mère d'où procède l'Univers entier.

Le nombre sept fut concrétisé astronomiquement et mystiquement dans l'antiquité par deux constellations ; d'abord les sept étoiles de la Grande Ourse, l'Artémise des Arcadiens qui pour les Egyptiens représentait la Mère du Temps et la Mère des sept puissances élémentales. Pour l'Inde védique ces sept étoiles étaient le domaine des sept Grands Rishis ou Sages primitifs. Les Aryens rattachaient ce nombre à la signification occulte des Pléiades, ces sept filles d'Atlas, qui aux Indes étaient connues comme les nourrices du dieu de la Guerre. Celui-ci, un adolescent vierge généré dans le feu de la semence de Civa, était déjà représenté astronomiquement par la planète que nous appelons Mars.

Les Egyptiens divisaient déjà en sept le Ciel comme le font les chrétiens pour leur Paradis. Ces cieux ne sont pas des lieux mais des états de conscience. Une confusion regrettable a dû se produire volontairement ou non, au cours des âges entre le terme sanscrit : Loca qui désigne précisément cet état de conscience et le loca hérité du latin désignant un emplacement.

Nous comprenons ainsi la description des sept Châteaux de sainte Thérèse d'Avilla et des sept Vallées de Ramakrishna. L'Egypte secrète nous révèle au sujet de la Maîtresse du Temple Caché que sept voies s'ouvrent devant l'homme et que celui-ci aura sept degrés à franchir et sept leçons à apprendre : le plaisir, la peine, la haine, l'illusion, la vérité, l'amour et la paix.

Les Aryens pensaient qu'il y avait sept forces primaires de la nature qui évoluaient d'abord en élémentals, puis en diables, puis en divinités. Cette allégorie nous montre que cette aspiration à la manifestation de la Vie et son influence sur l'homme produisent ce que nous appelons la Tentation et attribuons aux diables... ou au Diable.

Sur le plan de l'Univers, la Bible nous dit de son côté que « la Sagesse, triade suprême, a édifié sa demeure : elle a taillé ses sept piliers ».

CHAPITRE V

Le zodiaque ésotérique

Depuis des millénaires les hommes ont essayé de comprendre le cosmos, son mode d'activité et son influence sur les différents plans de la constitution humaine. Une étude approfondie de la voûte céleste, de l'emplacement et des mouvements des constellations, des planètes et des étoiles a permis la création de l'astrologie dont l'origine semble maintenant antérieure aux Chaldéens, à qui jusqu'au siècle dernier on en attribuait l'invention (au sens étymologique du terme). C'est ainsi que fut établi le zodiaque, ses signes et ses maisons, dont on trouve trace dans toutes les civilisations antiques, depuis l'Egypte, l'Inde, la Chine jusqu'aux Mayas du Mexique.

Il n'entre pas dans notre propos de nous étendre sur la manière de placer les planètes dans les signes adéquats ni de déterminer l'emplacement des douze maisons. C'est là travail courant que chacun peut faire avec les tables annuelles éditées à cet effet. L'astrologie ainsi est un art à qui la science officielle refuse encore le nom de science parce qu'elle ne contient pas tous les critères qui jusqu'ici sont nécessaires à la définition et à l'attribution du nom de science. L'établissement d'une carte céleste relève bien en effet de l'astronomie et des mathématiques, mais lorsqu'il s'agit de l'interpréter, c'est l'intuition qui doit diriger le raisonnement et là, nous entrons dans un domaine qui échappe à la science matérialiste. Différentes astrologies ont été créées, permettant d'étudier, dans ses rapports avec le Cosmos la destinée, soit des hommes, soit des grands événements mondiaux.

Les techniques de base sont diverses : certains prenant l'heure de la naissance (la plus courante), d'autres préférant l'astrologie conceptionnelle, d'autres pratiquant l'astrologie uniquement basée sur les mouvements de la Lune ou ne considérant que l'influence des maisons sans tenir compte des signes du zodiaque eux-mêmes. Et pourtant ces signes sont des champs magnétiques qui influencent la naissance même s'ils ne contiennent pas de planètes à l'heure de celle-ci.

Puisque notre but dans cette étude est de montrer le côté caché des choses de la vie, nous considérerons le zodiaque sous son aspect ésotérique, le plus souvent négligé ou méconnu dans tous les ouvrages traitant d'astrologie. Rappelons que, comme dans les autres arts ou sciences traditionnels, tels que l'alchimie entre autres, c'est par la loi d' « Analogie » que l'on arrive à comprendre et à interpréter, puisque comme l'écrivait Hermès : « Tout ce qui est en haut est comme ce qui est en bas, pour la plus grande gloire de l'Unique. » C'est ainsi que le cycle d'un cosmos et celui de l'homme montrent les mêmes parallélismes. Nous avons vu dans l'Arbre de Vie que les planètes sont des Intelligences, corps matériels de grands êtres chargés de la Création et de l'Evolution. Elles « marquent dans le ciel l'heure où doit naître ou plutôt s'incarner une âme conformément à son karma ». C'est donc elle-même qui a décidé de cette heure et non les planètes. Du reste, tout au long de l'existence de l'être, on doit se souvenir que : « les astres inclinent, mais ne dominent pas ». Ils indiquent les tendances apportées par l'être mais celui-ci par son libre arbitre, surtout s'il a connaissance de ces tendances, peut et doit les rectifier pour diriger son existence. Seuls les êtres sans volonté ni connaissance restent liés par le destin aux conditions apportées à leur naissance, et leur existence est le reflet parfait de leur horoscope.

Chacun sait que le soleil met 2 160 ans pour parcourir chaque signe du zodiaque et donc 25 920 ans pour en faire le tour complet et revenir au point de l'équinoxe où il était au début de cette Grande Année Platonicienne. Chaque année le soleil arrive à l'équinoxe cinquante secondes avant l'année précédente; c'est ce que l'on a appelé la précession des équinoxes. Cette précession a une grande importance et ésotériquement le cycle commence lorsque le soleil naît dans la Vierge. Dans l'astrologie normale on étudie le zodiaque en commençant par le Bélier, l'équinoxe vernal (de printemps) dont les cornes symbolisent la spirale évolutive (comme du reste la crosse de nos évêques) et qui envoie l'impulsion fécondante dans le signe suivant : le Taureau dont le glyphe représente une tête de taureau mais aussi l'œuf du monde surmonté du croissant lunaire, ou l'œuf de Léda mère de Castor et Pollux qui sont les Gémeaux.

Mais si nous considérons le zodiaque ésotériquement, nous devons étudier la précession des équinoxes et suivre les signes dans le sens opposé, celui des aiguilles d'une montre, et cela en partant du signe de la Vierge ou Utérus céleste. La naissance du soleil dans la Vierge indique une gestation primordiale. La correspondance dans le microcosme donne à l'homme trois naissances : dans la Vierge, naissance éthérique sous l'influence de Mercure, puis dans le Lion, naissance solaire, et enfin dans le Cancer, naissance lunaire. Cela montre la naissance d'un corps spirituel dans la matrice éthérique, tandis que le corps éthérique continue de lui-même sa descente en corps physique, poussé par les forces élémentales.

Remarquons que l'histoire comme l'archéologie viennent confirmer le fait que chaque changement du signe où rentre le soleil, amène sur la Terre la fondation d'une nouvelle religion qui durera deux mille ans jusqu'au signe suivant.

L'histoire ne permet pas d'obtenir de renseignements sur ce qui s'est passé dans le signe des Gémeaux et les précédents, mais lorsque le soleil arrive dans le Taureau nous voyons se développer le culte de cet animal symbolisant la divinité. L'Egypte avec son bœuf ou Taureau Apis et toutes les sculptures de taureaux ailés du Moyen-Orient démontrent la réalité de cette tradition. Lorsque le soleil entre dans le signe du Bélier, c'est cet animal qui remplacera le taureau dans la représentation divine et solaire. Les Egyptiens attribuaient cet animal à Ammon-Ra, divinité solaire et, étendant plus avant son caractère de source de vie, avaient doté d'une tête de bélier la forme humaine tenant un vase d'où s'écoulent les eaux célestes et qui représentait le Nil Supérieur ou céleste père du Nil terrestre leur fleuve fertilisant et nourricier. L'épisode biblique du Veau d'Or que détruira Moïse montre qu'à sa descente du Sinaï, il est outré de voir les Hébreux revenir à l'ancien culte du Taureau alors que le soleil est déjà entré dans le signe du Bélier.

Remarquons qu'il y a quelque deux mille ans le soleil entre dans le signe des Poissons. C'est la naissance de Jésus dans la crèche ou mieux la grotte, symbole de la matrice universelle. Autour de l'Enfant les imagiers nous montrent le Bœuf le réchauffant de son haleine et les moutons des bergers venus l'adorer, ce qui signifie que les représentants divins des quatre millénaires précédents viennent rendre hommage à leur héritier et successeur. Les premiers chrétiens du reste ne manqueront pas de prendre pour symbole représentant le Christ, justement le Poisson. Le fait que Jésus avait choisi ses disciples parmi des pêcheurs et leur avait fait faire une pêche miraculeuse montre son intérêt pour les Poissons.

Mais la roue tourne toujours et nous arrivons au moment où le soleil entre dans le Verseau dont le maître est Uranus. Nous assistons donc à l'effondrement de la forme qu'avait prise la religion née sous les Poissons et nous nous dirigeons vers une forme (si ce n'est une nouvelle religion) beaucoup plus élargie et altruiste dans une ambiance où toutes les conceptions passées sont bousculées sous l'influence très active de la planète Uranus. Notons que cette tendance altruiste d'amour de l'humanité indique le développement de l'église de Jean, celle de l'Amour, ou Johannisme déjà clandestine depuis les Templiers et qui doit d'après la Tradition succéder à celle de Pierre en attendant, dans deux mille ans peut-être celle de Jacques, celle de la Connaissance qui donnera à l'homme la plénitude des qualités christiques de la seconde personne de la Trinité.

Il est temps, maintenant, de passer à une étude plus approfondie des douze signes zodiacaux. Nous le ferons dans le sens précessionnel, comme indiqué plus haut en commençant par le signe de la Vierge, et cette étude composera l'Annexe III du présent ouvrage.

CHAPITRE VI

L'homme cet inconnu

Lorsque l'on pense à l'homme, le plus souvent on le considère comme un animal supérieur, le roi de la création, sans chercher plus loin. En effet il y a du vrai dans cette affirmation car il représente le point le plus élevé actuel sur la courbe ascendante de l'évolution de la Vie. Mais ce qu'on ignore généralement, c'est qu'il est à la fois créature et créateur car il est arrivé à un point de conscience où par sa pensée, consciemment s'il est connaissant, mais le plus souvent inconsciemment, il contribue à l'œuvre créatrice en apportant des modifications dans les plans même les plus subtils de la Nature, cette Maya ou Shakti émanée de la divinité et dont il fait partie, mais que, par ce quelque chose qui le différencie des animaux, il contribue à modeler et à faire évoluer, en bien et parfois hélas en mal.

De quoi se compose l'homme que nous croyons connaître? Depuis deux mille ans la religion chrétienne nous enseigne qu'il est composé d'un corps et d'une âme, sans d'ailleurs nous expliquer ce que désigne au juste ce mot d'âme. Cela permet aux fervents de la dialectique scholastique, d'aussi graves que oiseuses discussions pour savoir si les animaux ont une âme ou non, et même jadis si les femmes en avaient une. Et pourtant si on relisait saint Paul qui est presque le fondateur de la religion chrétienne sous l'aspect qu'elle eut pendant vingt siècles on verrait que l'homme se compose de : corpus, animus et spiritus et donc est ternaire et non binaire. D'autres pour essayer de s'y retrouver ont décomposé l'âme en anima et animus, la première étant la partie vitale commune à tous les êtres vivants et animus un élément supérieur réservé à l'espèce humaine. Quant au problème de l'âme féminine mal explicité ou plutôt mal posé par les doctes conciles des premiers siècles, nous devons, pour comprendre ce qui en est, nous reporter à la subdivision de l'âme d'après la doctrine judaïque qui refusait à la femme la partie la plus subtile de ce qu'elle appelait l'âme, comme nous l'avons expliqué dans le dernier chapitre de notre « Bestiaire divin ». Les savants matérialistes du XIXe siècle, ont de leur côté réfuté l'existence de l'âme dont ils ne trouvaient pas trace sous leur scalpel, bien que certains de leurs détracteurs aient pu peser au moment de la mort le poids minime de ce qui correspondrait à l'anima se dégageant du corps mort.

Au milieu de toutes ces contradictions on peut se demander s'il est exact que l'homme soit d'une essence spéciale, fait à la ressemblance divine, comme on l'enseignait jadis, ou s'il n'est qu'un produit amélioré de la création animale comme le voulait Darwin? Question mal posée ou plutôt faux problème c'est-à-dire ne comportant pas en lui-même sa réponse car il ne tient pas compte du fait que la généalogie de l'homme est triple. Demandons-nous donc d'abord : « qu'est-ce que l'homme »? ou mieux : « de quoi parlons-nous lorsque nous prononçons ce mot »? Dans certains textes sacrés comme la Bible et ses commentaires, les anciens ont tenu à cacher aux profanes un certain nombre d'indications relatives à l'origine de cet animal ternaire d'où l'expression « fait à l'image de Dieu » par allusion à l'aspect trinitaire de la divinité. Et cependant l'homme que nous côtoyons, qui est loin d'être un dieu, mais qui n'est plus un animal est une créature extraordinaire à la fabrication de laquelle ont collaboré et travaillent encore trois sortes d'anges aux facultés et aux pouvoirs fort différents.

La tradition ésotérique nous rappelle donc que l'origine de l'homme est triple, comme triple est son évolution.

Nous avons ainsi trois généalogies : physique, intellectuelle et spirituelle. Nous avons vu à propos de la création l'influence prépondérante et universelle du dieu lunaire en matière de création physique; c'est donc lui, entouré des Seigneurs de la Lune qui est à l'origine de notre généalogie physique. De leurs essais de création naît un prototype humain qui servira de base à des formes qui évolueront soit vers la plus raffinée, la race humaine, soit vers les autres animaux. Les Seigneurs de la Lune ne purent donner à l'homme que le double éthérique, le prana (source d'énergie puisée à la source divine), le désir ou psychisme animal et seulement le germe animal de l'intelligence. Leur conscience se trouvant sur le monde psychique et lunaire, ne leur permet pas d'être maîtres des matières mentales qui leur sont supérieures en subtilité. On dit que ces anges sont soumis à Yama, le dieu de la mort, c'est-à-dire qu'ils sont eux-mêmes mortels et ne peuvent nous donner que des corps mortels. A charge pour nous de transformer ensuite au cours d'une évolution poussée, ces corps mortels en corps glorieux par la pratique d'une alchimie spirituelle. Nous ne reviendrons pas ici sur le problème des quatre Adams successifs dénombrables dans la Genèse, cette question étant déjà commentée dans un précédent ouvrage.

L'être ainsi créé par les Seigneurs de la Lune n'a encore ni intelligence ni esprit, et n'est donc pas encore fait à l'image de Dieu. Il le deviendra seulement lorsque Intellect et Spiritualité divine auront pu descendre et prendre possession des formes suffisamment évoluées physiquement pour être dignes de devenir des Temples comme disait saint Paul.

La généalogie intellectuelle de l'homme se rattache à l'action de ce que l'on appelle les « Fils du Mental ». Ceux-ci sont les fruits des Chaînes qui précédèrent la nôtre (voir chapitre Création et annexes) et se divisent en plusieurs groupes : les Fils de la Sagesse ou du Feu, qui ont le sentiment de l'Unité, et les Fils de la Nuit ou seigneurs de la Face Noire, qui par orgueil refusèrent de s'incarner lorsque l'homme n'était pas encore Sapiens, pour l'aider à le devenir, et tombèrent plus tard dans la matière, entraînés par leur destin qui était d'aider à la création de l'homme. C'étaient des êtres très supérieurs venant de la première chaîne et notre mythe chrétien de la chute de Lucifer semble avoir une grande analogie avec cette tradition, notamment lorsqu'on sait qu'ils sont animés par le sentiment de la séparativité.

Les Fils du Feu, par contre, s'incarnèrent dans les toutes premières races humaines dont ils devinrent les instructeurs. Une tradition universelle et mondiale, souvent reprise et mal interprétée dans des ouvrages où la fiction déborde largement sur la Connaissance, nous dit que ces Fils du Feu avaient été précédés par les Dragons de Sagesse ou Seigneurs de Vénus. Arrivés les premiers, ils apportèrent le mental à l'humanité naissante en s'incarnant dans les corps des grands hermaphrodites. Ils n'ont jamais cessé leur fonction d'instructeurs, et avec un petit nombre de Fils du Feu composent la Hiérarchie suprême intellectuelle et spirituelle du monde.

La tradition de ces instructeurs qui furent les premiers rois divins de l'humanité, comme le rappelle le qualificatif des premières dynasties égyptiennes, fut conservée dans la plupart des pays du globe où jadis toutes les dynasties royales se disaient fils de Dieu, ou fils du Ciel en Chine. De même en Grèce, chaque famille régnante se forgeait une généalogie mythique la faisant descendre d'une divinité descendue sur la Terre et ayant épousé une mortelle. Les rois de France eux-mêmes ne se disaient-ils pas rois de droit divin? Par ailleurs la tradition secrète a toujours affirmé que ces deux catégories d'anges œuvraient chacune dans un des hémisphères cérébraux : les Dragons de Sagesse dans le droit, les Fils de la Nuit dans le gauche. La Cabale nous dit en outre que dans l'Arbre de Vie, l'hémisphère cérébral droit correspond à la séphir Chochmach, principe de la Sagesse et de la pensée créatrice, tandis que le gauche correspond à Binah, principe de l'intelligence et de la pensée prête aux réalisations.

Or cette affirmation qui pouvait paraître un peu folle aux yeux des rationalistes, vient d'être confirmée scientifiquement par la découverte d'un savant neurophysiologiste soviétique Vadim Deglin (« Courrier de l'Unesco », janvier 1976). Ayant réussi à faire travailler séparément chaque hémisphère du cerveau humain, il s'aperçut que le droit était spécialisé dans la production des images concrètes de la réalité, avec un caractère de synthèse, pouvant porter le raisonnement vers la loi d'analogie dont nous parlons par ailleurs et qui se rattache à la compréhension de l'unité du monde. Par contre le gauche plus subtil, mais qui ne peut travailler convenablement sans l'intervention du droit, s'occupe plus spécialement du langage et de la pensée abstraite et analytique, ce qui nous ramène à l'esprit de séparativité qui anime les Fils de la Nuit.

Cette pénétration des anges du mental dans le cerveau humain était connue, mais tenue secrète à l'égard des profanes par diverses religions encore existantes. C'est ainsi que la religion israélite oblige toujours les hommes à avoir la tête couverte dans les synagogues dont l'ambiance liturgique attire spécialement les esprits célestes et par conséquent aussi les Fils de la Nuit. Chez les chrétiens, et saint Paul (Cor. XI-9) le rappelle expressément, se sont les femmes qui paraissaient les plus visées, sans doute en souvenir du mythe d'Eve au Paradis terrestre, et il leur était interdit de pénétrer dans une église sans avoir la tête couverte d'un voile. Un document médiéval retrouvé à la Bibliothèque vaticane par le comte Durrieu, membre de l'Institut au début du siècle, fournissait l'explication de cette interdiction en rappelant aussi l'existence de ces anges. Depuis que cette interdiction est devenue caduque, l'Eglise ayant perdu la connaissance de ses propres mystères, on peut remarquer que l'influence des Fils de la Nuit a augmenté chez les filles d'Eve et par contrecoup chez les fils d'Adam.

Quant à la troisième généalogie humaine, la spirituelle, elle est une émanation directe de l'aspect « Père » de la Trinité divine. Le Saint-Esprit ayant créé et conduit les humanoïdes jusqu'à un point de développement suffisant du mental concret ébauché dans le règne animal, et... peut-être végétal, ces animaux évolués peuvent être détachés de l'âme groupe qui anime le clan ou l'espèce et devenir des êtres individualisés. Ceux-ci seront pourvus d'un corps mental supérieur propre à l'abstraction, nommé corps causal qui recueillera comme une coupe ou un Graal symbolique le rayon de l'étincelle divine détachée du Père qui lui apportera non plus la conscience déjà acquise mais la soi-conscience. C'est ainsi, pouvons-nous dire que l'animal peut apprendre et savoir bien des choses, mais qu'il ne sait pas qu'il sait.

CHAPITRE VII

Les corps de l'homme

L'homme, avons-nous vu, est une mini-réplique de l'Univers du Cosmos. Fait à l'image de Dieu, comme on l'enseigne, par sa constitution trinitaire, il est aussi la réplique de la Grande Mère émanée de la divinité et qui en quelque sorte est la matière de notre cosmos. C'est pourquoi un parallélisme a été établi entre le macrocosme ou univers et le microcosme : l'homme.

L'Univers créé a été différencié par le Saint-Esprit et le Verbe en sept plans qui ne sont pas superposés comme on a tendance à le croire mais qui s'interpénètrent en raison de leurs densités de plus en plus subtiles permettant à leurs atomes réciproques de se traverser. Nous avons ainsi le plan physique, le plus dense, suivi du plan éthérique ou vital qui lui sert de moule et entretient sa vitalité. Ensuite le plan psychique nommé parfois astral, qui est celui des désirs et des émotions. C'est celui qui constitue entre autres choses la matière de ce que nous nommons le Purgatoire. Plus subtil est le plan mental, celui de l'Intellect divisé lui-même en inférieur et supérieur ou en concret et abstrait. Plus subtil encore est le plan christique ou bouddhique, celui de l'Intuition et de la conscience de l'Unité de la création. Puis le plan de l'Esprit pur où réside la Conscience Universelle, zone supranormale à laquelle seuls peuvent atteindre les grands initiés. Viennent au-dessus, deux plans que nous pourrions qualifier de logoïques ou de divins, le premier domaine angélique et le second encore plus inaccessible à l'esprit humain est celui de la divinité dans son pur isolement.

Dans le microcosme, l'homme, nous allons trouver autant de corps qu'il y a de plans dans l'univers, tout au moins en ce qui concerne les cinq inférieurs, d'où le nom de « Pentagone » donné à l'homme parfait devenu maître de ces cinq corps lui donnant accès aux cinq plans correspondant du macrocosme. En effet notre étincelle divine, notre conscience ou soi-supérieur nommée aussi Monade humaine ne s'incarne jamais mais projette un rayon de vie consciente.

Etant divine elle a sa racine sur le plus haut plan divin et établit sa conscience agissante sur le second. Pour agir sur l'homme incarné la monade éternelle se servira du corps causal ou mental supérieur de l'homme, tandis que l'Ego transitoire se servira comme véhicules plus ou moins conscients des autres corps.

Ces différents corps emboîtés qui entourent l'homme et qui en font partie intégrante sont représentés dans la sculpture et la peinture religieuses par cette auréole ovale entourant souvent le Christ en gloire dans le style roman. Cette auréole représente l'aura du corps humain colorée et visible pour les mystiques et les voyants et que les travaux des savants soviétiques permettent maintenant de photographier sous le nom de bioplasma. Cette aura humaine est plus complexe que celle des animaux ou des règnes inférieurs en raison de la subtilité de ses composants. Elle est généralement composée de bandes transversales de couleurs diverses d'une certaine stabilité selon l'évolution du sujet, mais pouvant se modifier sous l'effet d'une émotion ou d'une pensée active. Ces couleurs qui teintent du reste les formes pensées émises par le sujet correspondent chacune à une tendance ou à la manifestation des sentiments de celui-ci. C'est ainsi que :

— le Violet indique les aspirations élevées,
— le Bleu, la dévotion,
— le Rose, l'amour pur,

— le Rouge, l'égoïsme, l'égocentrisme et l'amour brutal et possessif,
— le Jaune, qui généralement entoure la tête indique l'Intelligence. Il disparaît curieusement lorsque le sujet devient amoureux.
— le Vert Emeraude, montre un esprit qui saisit vite, et qui a un sens d'adaptation et de compréhension,
— le Vert Terne, comme
— le Brique, marque les pensées concrètes plus ou moins nettes et confuses,
— l'Orangé, l'orgueil,
— le Gris, la Peur,
— le Noir, la malice et la haine.

La Corde d'Argent

Nous venons de voir que l'homme en réalité se compose de cinq corps différents regroupés en trois selon certaines traditions. Ces corps ne sont pas indépendants les uns des autres et la cohésion nécessaire à l'équilibre de la constitution de l'homme est maintenue par ce qu'on appelle la Corde d'Argent. Cette corde qui se forme à partir de la naissance se renouvelle donc à chaque existence. Elle se compose de deux parties en forme de six réunies par la pointe.

L'une prend naissance dans l'atome germe du corps physique situé dans le cœur, l'autre dans l'atome germe du corps psychique situé dans le foie. Elles se rejoignent dans l'atome germe du corps vital au niveau du plexus solaire. Celle venant du cœur se forme entre un et sept ans, l'âge dit de raison, et celle venant du foie entre sept et quatorze ans, l'âge approximatif de la puberté. Lorsque la Corde d'Argent est terminée, donc vers quatorze ans, l'énergie solaire ou prana est dirigée du plexus ombilical vers celui de la rate ou chakra splénique dont l'atome prismatique en fait une réfraction qui donne la teinte de l'aura de l'individu.

Quand survient la mort physique de celui-ci, cette Corde d'Argent se dissout et disparaît lorsque le corps vital est libéré du dernier lien le retenant au corps physique et situé le plus souvent au niveau ombilical comme peuvent le montrer certaines photographies faites à la lumière infrarouge rendant sensible la pellicule à la matière éthérique du corps vital.

Le Fil de Vie

La Corde d'Argent assure la liaison entre les corps de l'homme, mais en outre un rayon de vie porteur de conscience et émané de la Conscience Universelle, doit venir animer l'être incarné. Nous avons déjà vu que la Vie et la Conscience forment une identité au sein de la divinité ce qui faisait dire au docteur Besant que « la conscience est la vie tournée vers l'intérieur, et la vie, la conscience tournée vers l'extérieur ». Cette descente de la vie consciente dans l'homme se fait par ce que l'on nomme le Fil de Vie. Celui-ci émane de l'Œuf Aurique ou enveloppe psychovitale de l'homme. Il pénètre par la fissure pariétale (la fontanelle), va directement dans le troisième ventricule cérébral puis vers la glande pinéale. De là il se dirige vers le quatrième et le cinquième ventricule et enfin descend le long du canal central (épendyme) de la colonne vertébrale jusqu'au ganglion coccygien où il s'enroule sur lui-même formant ce que les Indous nomment le Feu Serpent ou Kundalini.

Fonctions occultes des glandes endocrines

La médecine connaît à peu près maintenant l'action des diverses glandes notamment les endocrines mais il paraît utile d'indiquer ici pour certaines quelques-uns des aspects spéciaux de leurs activités, connus depuis longtemps des clairvoyants et des chercheurs ésotéristes.

— *L'hypophyse* ou corps pituitaire est la plus petite et peut-être la plus importante de ces glandes. Sa taille est de 7 mm sur 12 mm, mais elle augmente pendant la grossesse des femmes. C'est le principe régulateur de toutes les hormones du corps. Elle se compose de deux lobes de fonctions différentes : le lobe inférieur vient du pharynx dont il est le prolongement, et intéresse la vie active, la croissance de l'individu et les fonctions sexuelles. Le lobe supérieur est un prolongement du cerveau et intéresse la vie mentale. Il influence aussi la pigmentation de la peau et la production de la graisse. Le pituitaire sert à éliminer les toxines de notre corps mais seulement dans l'obscurité; il ne faut donc pas dormir avec une lumière qui annulerait son action bénéfique. Cette glande règle aussi les sorties et les rentrées dans notre corps physique de notre conscience pendant le sommeil et les sorties volontaires en véhicules subtils psychique ou mental.

— *La thyroïde* est responsable de la pousse des cheveux et des ongles entre autres activités martiennes, car elle est en rapport cosmique avec la planète Mars.

— *Les surrénales* sont formées de deux substances différentes; l'une contribue à maintenir la tension artérielle, l'autre est très utile dans la lutte contre l'infection, le maintien du tonus et de la virilité. Elles sécrètent de l'adrénaline et lorsqu'elles fonctionnent mal ou pas, la peau prend une teinte marron d'Inde caractéristique.

— *Le thymus* est la glande de l'enfance et fonctionne jusque vers quatorze ans, fournissant les corpuscules sanguins qui ne sont pas alors produits par la moelle des os. C'est un lieu de réserve de protides.

— *L'épiphyse* ou glande *pinéale* est un centre très actif quand la spiritualité est développée. Il y a sept petits centres appelés « chakras » (voir chapitre Chakras) dans la tête disposés en chaîne entre la pinéale et le pituitaire, formant un pont entre ces deux glandes. Lorsqu'ils sont développés et établissent la liaison, l'être devient clairvoyant et conscient sur les plans supérieurs. Ce pont relie l'âme incarnée à son Soi-supérieur. La pinéale apparaît dans l'embryon entre le 5e et 8e mois, c'est à ce moment que l'Esprit est attaché à son futur corps. Elle est constituée de trois cordons de cellules : petites, grosses et nerveuses. Ces cordons s'atrophient vers l'âge de huit ans et c'est à cet âge que l'ego est complètement descendu dans le cerveau ; c'est le moment où l'individu a atteint ce que l'on nomme l'âge de raison. La pinéale qui est aussi en rapport avec l'utérus a également pour mission d'empêcher le corps d'être reproductif avant que la conscience ne se soit développée et que la Corde d'Argent soit terminée.

Une autre de ses fonctions occultes est de permettre la transmission de pensée d'un individu à un autre.

Localisation physique de l'émotivité

Nous avons vu qu'il existait une relation étroite entre le corps physique et le corps psychique et qu'une interaction permanente existe entre Soma et Psyché d'où une nouvelle direction imposée à la médecine sous le nom de psychosomatique.

Laissant cette jeune médecine découvrir peu à peu ce que la tradition connaît depuis longtemps, nous nous proposons d'indiquer ici les lieux organiques qui sont les plus affectés par l'émotivité dans un rôle à la fois récepteur et émetteur. Les principaux organes en rapport avec l'émotivité sont : l'intestin grêle, la thyroïde, les surrénales et surtout le foie et la rate.

— *Intestin grêle.* Un centre émotif abdominal est placé sous le nombril. Il est mû par l'instinct animal de défense contre ce qui peut contrarier les intérêts de l'individu. C'est lui qui nous donne nos impressions les plus primaires, d'envie, d'impatience, de peur, d'appréhension. La sagesse populaire parle d' « avoir la peur au ventre » ce qui représente en fait une réalité. On sait que l'homme peut se diviser horizontalement en trois zones : la tête domaine de l'esprit, la poitrine celui du cœur et l'abdomen celui de la matérialité, représentées respectivement en cabale hébraïque par les trois lettres mères : Shin symbole du feu de l'esprit, Aleph symbole du point de départ de l'évolution, l'amour, et Mem la matrice où tout doit naître et mûrir.

Ce centre abdominal des réactions animales est celui sur lequel se base la théorie du Zazen des Japonais que nous verrons plus loin au sujet des yogas, et ils nomment Hara cette zone du bas-ventre où nous devons condenser toutes nos aspirations matérielles pour permettre à notre conscience de s'élever vers la spiritualité.

A propos de l'intestin il a été prouvé par l'expérience que le degré de mysticisme d'un individu est fonction de la longueur de son intestin. C'est ainsi notamment qu'il y a quelques décennies, un très saint homme, ascétique et mystique attaché à l'archevêché de Paris eut à subir une grave opération au cours de laquelle on dut lui supprimer une partie de l'intestin. Après unc longue convalescence, complètement modifié psychiquement, il perdit la foi et quitta la prêtrise; il se maria et eut beaucoup d'enfants, comme dans les contes de fées.

Il est important surtout de ne pas confondre ce centre abdominal avec le plexus solaire, situé au-dessus du nombril et qui est le centre réactif des systèmes nerveux en particulier du Grand Sympathique. C'est ce plexus qui est la base physique d'un des chakras dont nous parlerons plus loin.

— *Le foie* et la rate sont des centres générateurs de l'émotion en même temps que ses lieux de réaction. Tout le monde connaît les « crises de foie » causées par des soucis ou des ennuis ainsi que l'expression : « se faire de la bile ». La tradition nous dit que l'hérédité paternelle est signée dans le foie, tandis que l'hérédité maternelle est signée dans la rate, surtout en ce qui concerne l'affectivité.

Dans le foie s'impriment les signatures de l'individualité ou Soi-supérieur ainsi que les tendances astrologiques et ataviques de la personnalité ou petit moi. Le foie est sous l'influence de Jupiter, mais la bile dominée par Mars est en rapport continu avec le cerveau. Leurs réactions épousent les impulsions contrariantes du petit moi.

— *La rate* est le siège de l'affectivité, de la sentimentalité et de la sensualité. Elle commande le sens artistique et l'imagination émotive car elle est le point d'attache du corps psychique comme nous l'avons vu avec la Corde d'Argent. Elle engendre des humeurs exaltantes ou déprimantes selon l'activité excessive ou insuffisante des surrénales, d'où des réactions morbides comme le spleen, le désespoir, la jalousie, etc. C'est la rate et non le cœur qui est responsable de nos émotions dont le cœur ne subit que le contrecoup.

Notons enfin le rôle important de l'*hypothalamus* dont la médecine psychosomatique commence à découvrir une activité régulatrice des effets nocifs des émotions refoulées. On se souvient que c'est dans cette région de la base du cerveau que se trouve le centre de l'activité sympathique, celui de l'éveil et du sommeil et celui de la régulation thermique. Situé sous le thalamus, centre enregistreur de la douleur physique et affective, et au-dessus de l'hypophyse dont nous connaissons le rôle occulte important, son fonctionnement est étroitement lié à celui de cette dernière glande. Il intervient dans la régulation des sécrétions endocrines et ordonne chez l'homme les fonctions viscérales.

On a pu vérifier récemment un fait connu jusqu'ici de l'ésotérisme : c'est sa propriété de mettre en état d'inhibition un individu qui apparemment semble favorisé de l'existence mais refoule au fond de lui-même parfois inconsciemment un désir inassouvi de domination sur certains plans. L'hypothalamus agit alors sur les endocrines pour accélérer la production de produits inhibitifs : hormones, adrénaline, parfois cortisone. Ce processus qui est un réflexe d'un organe dont l'influence est très grande chez les animaux soumis à l'âme groupe, est ainsi un processus rétro lorsqu'il s'applique à un être humain individualisé dont le développement de la conscience, tout en lui faisant perdre beaucoup des avantages de l'instinct, accroît sa propre responsabilité vis-à-vis de ses réactions psychiques dont il doit tendre à assumer personnellement la charge. Il est vrai que la plupart des individus incapables de maîtriser leur psychisme et leur mental, par ignorance de leur véritable « être » laisseraient proliférer les ulcères de l'estomac et les infarctus du myocarde si de temps à autre l'hypothalamus considérant leur prédominance animale, ne tentait par la méthode d'inhibition de freiner les désordres inévitables.

Évolution de la forme

La lente évolution de la forme au cours de la manifestation ou création qui est permanente, est conditionnée pouvons-nous dire par trois grands principes :

1° La patience de la divinité dans la réalisation de sa manifestation. Elle s'attache en effet à obtenir la perfection et reste indifférente à la durée du temps nécessaire à cette évolution car toute impatience provoquerait des vibrations trop fortes qui dépasseraient la limite de résistance ou de réponse de la forme, d'où un risque de rupture prématurée.

2° Il y a trois aspects que le Soi doit développer à mesure qu'il évolue : Intelligence, Amour, Existence.

3° L'action double et parallèle de la divinité et du Soi qui évolue. Au début pour faire le Soi à son image la Vie divine agit directement dans le Soi. Quand il devient apte à répondre aux vibrations extérieures, le Soi commence à émettre des vibrations personnelles. De plus en plus ce centre en cours d'évolution augmente son contrôle sur la forme et celui de la divinité se retire progressivement, ce qui représente peut-être un aspect de ce que nous nommons : le Libre Arbitre.

L'énergie puisée dans la vie divine agit presque indépendamment dans le centre jusqu'à ce que celui-ci la reflète lui-même à la fin et atteigne l'existence en soi par la vie même qu'il a tirée de la divinité. Ce qui permet de dire que l'homme participe à la création.

La pensée humaine

Nous avons dit que les couleurs qui composent l'aura teintaient également les formes pensées. Il est peut-être utile ici de définir ce que l'on entend par forme pensée. La science moderne, à la suite des métaphysiciens et des parapsychologues, a démontré la réalité de la transmission de la pensée entre deux cerveaux quels que soient les obstacles et la distance qui les séparent. La pensée, comme toutes les énergies connues et inconnues se transmet sous forme d'ondes vibratoires. « Tout n'est que vibrations » disait Hermès dans sa Table d'Emeraude. Mais si nous reprenons la terminologie moderne nous pouvons dire que la pensée est à la fois ondulatoire et corpusculaire. Ondulatoire en raison de son mode de transmission, mais corpusculaire car elle est matériellement (si nous osons dire) constituée de particules ou atomes du plan mental infiniment plus petits que l'atome physique ce qui lui permet de traverser n'importe quel obstacle physique.

Le penseur dont la conscience est située normalement (sinon plus haut) dans son corps causal ou mental abstrait, met en vibration la matière de son corps mental concret qui la transmet au corps psychique lequel affecte les particules constituant le corps vital du cerveau qui enfin mettent en action la matière grise. Ce processus en quatre étapes est nécessaire pour atteindre la conscience de veille du cerveau physique. Tout contact de l'ego sur l'un de ces plans, avec le « Non-Moi » modifie l'organisation du corps mental et y produit une image.

La pensée envisagée au point de vue de la *Forme* est l'établissement de relations entre ces images; au point de vue de la *Vie*, la pensée consiste en modifications chez le penseur lui-même. Si celui-ci reforme les mêmes images en y ajoutant, même inconsciemment l'élément Temps, apparaît la mémoire et parfois la prévision si l'image est captée sur le plan mental cosmique dans une dimension où n'existent ni la durée ni l'espace. C'est pour cela que jadis l'Eglise attribuait ce pouvoir de perception à travers le temps à la seule divinité en disant que Dieu voit en même temps le passé, le présent et l'avenir. En communiquant par transmission directe de pensée, à distance, du mental d'un individu à celui d'un autre, il n'y a plus de barrières de langage comme sur les plans physique et psychique. L'homme moyen n'est pas conscient à l'état de veille sur les plans psychique et mental : il perçoit les phénomènes qui se passent en lui mais ne distingue pas ceux dont il est la cause de ceux dont la cause est extérieure à lui, c'est-à-dire ne réalise pas s'il a créé lui-même une pensée ou si son corps mental a attrapé au vol une pensée qui flottait sur le plan mental cosmique ou qui aurait été dirigée spécialement vers lui par une autre entité.

Ce sont ces diverses pensées qui ont une couleur et une forme visibles pour les clairvoyants. On peut considérer que la forme pensée est douée d'une vie temporaire animée par l'idée qui lui donne naissance. La durée de son existence est fonction de la force, de la précision, de la netteté de l'idée qui en est la cause. Sa couleur est déterminée par la qualité de la pensée et sa forme par sa nature. C'est la glande pinéale qui est l'organe de transmission de la pensée; lorsqu'elle est suffisamment évoluée, et cela peut se développer, on obtient une transmission plus rapide et plus sûre en passant directement d'un corps mental à un autre sans suivre la filière aller et retour par les corps inférieurs. Cela peut se faire aussi entre deux corps psychiques.

Ce qui est très important de savoir et de retenir, c'est que nos pensées sont de véritables entités ayant une existence réelle d'autant plus forte et prolongée que nous nous complaisons à les reproduire, à les répéter. Le fait de penser tout le temps à la même chose ou à la même personne vers qui se dirige automatiquement la pensée émise, bonne ou mauvaise, avant de nous revenir comme un boomerang, finit par provoquer un état d'obsession dont il est difficile de sortir car notre cerveau est entouré de ces pensées qui tourbillonnent étant constamment vivifiées. D'où un obstacle majeur au calme du mental et à son vide indispensable à la réalisation de toute méditation.

Lorsque nous avons réussi à nous rendre maître de notre mental qui doit être simplement un instrument, un serviteur, et non notre maître, nous pouvons émettre des pensées fortes et bénéfiques dont les ondes peuvent aller aider une personne dans le malheur. De même certains médecins continuent ainsi à travailler, comme ils disent, sur leurs patients pendant le traitement pour surveiller et activer son effet; d'autres guérissent carrément à distance uniquement par un effet psychométrique en agissant sur la photographie du malade. Les résultats sont en général bien meilleurs que ceux de la médecine courante ce qui souvent ne leur crée pas que des amis parmi leurs confrères.

Remarquons que si une volonté forte, et un mental obéissant permettent d'aider son prochain, les mêmes caractéristiques permettent toutes les nuances de la magie noire, celle-ci étant naturellement soumise à tous les risques du choc en retour ou effet de boomerang. Les individus qui pour de l'argent se livrent à cette sorte de métier, et il en existe toujours, quoiqu'en pense notre civilisation matérialiste, pour atténuer les effets du choc en retour se logent d'ordinaire près d'une grande église ou d'un couvent, comptant sur l'égrégore formé par les prières ou les bonnes pensées diffusées dans le plan mental par les moines pour faire écran à une forme de pensée meurtrière qui ayant manqué son but reviendrait à sa source.

Nous voyons ainsi que de toute façon il est primordial pour nous d'apprendre à penser par nous-mêmes afin d'éviter les transmissions inconscientes, telles par exemple l'action des masses ou des leaders dans l'opinion publique, et aussi de nos jours l'action de la publicité qui, introduite notamment sur les petits écrans, est devenue une forme d'hypnose. On peut même la considérer comme une forme de magie noire moderne, constituant un véritable viol de notre personnalité pensante. Lorsqu'un individu entraîné arrive à émettre une image nette de la chose à laquelle il pense, cette image possède une existence réelle, visible et photographiable à la lumière infrarouge, comme l'ont prouvé de nombreuses expériences.

La mémoire

Nous avons dit que la mémoire était le facteur essentiel de la création du Moi, cette notion illusoire dont nous aurons tant de peine ensuite à nous débarrasser dans notre recherche de la sérénité, de la liberté, en un mot de l'Unité.

Toutes ces accumulations de données qui composent puis conditionnent notre existence et que nous groupons sous le nom de « mémoire » peuvent néanmoins être classées en deux catégories entre lesquelles il faut bien faire la différence :

1° *La mémoire technique,* processus naturel inévitable et indispensable à notre existence. Cette mémoire touche à l'usage ; il est nécessaire d'avoir les réflexes de son métier, les rudiments de cultures reçues, le sens de l'orientation dans une ville ou une campagne, ainsi que de connaître les coordonnées de son Moi : état civil, âge, adresse, etc.

2° *La mémoire psychologique,* par contre est celle que nous devons chercher à éliminer par une vigilante attention constante, et non par la volonté. C'est la mémoire qui touche aux sentiments, au jugement, aux préjugés. Face à un être on peut éprouver un sentiment de malaise ou de bonheur parce qu'il ressemble à un autre être qui nous a fait éprouver de la peine ou de la joie. Ce sentiment qui s'applique à un fait passé, qui s'appuie sur une ressemblance qui relie à ce fait passé, appartient à la mémoire psychologique.

De même un parfum ou un air de musique peut vous rejeter dans le passé, et faire revivre en imagination une période révolue.

Lorsque la vie nous place devant un individu, il est

indispensable d'effacer le facteur de mémoire psychologique pour pouvoir l'appréhender « au moment où on le rencontre », c'est-à-dire l'être nouveau qu'il représente à ce moment-là.

Pour effacer cette mémoire psychologique, il faut commencer par s'identifier avec l'impression qu'elle détermine, n'être que cette impression pour découvrir ce qu'elle est réellement, et l'effacer par la connaissance.

CHAPITRE VIII

Comment être heureux

Nous avons déjà eu l'occasion de voir qu'être heureux ce n'est pas acquérir un bonheur psychique ou matériel issu de la satisfaction d'un désir, mais atteindre à l'état de sérénité et d'harmonie nous permettant de considérer toutes choses d'un œil égal et sans réaction. Pour arriver à ce but il est nécessaire d'effectuer une révolution totale de notre conception de l'existence et d'éliminer définitivement de nos pensées la notion du Moi. Cependant avant d'exposer les idées et les techniques spirituelles qui nous permettent d' « être » réellement heureux et non plus seulement d' « avoir » du bonheur, il nous paraît utile de commencer par un premier stade où seront, sur le plan pratique de l'existence, indiqués les moyens de stabiliser notre mental et notre psychisme à l'égard des tourments et des ennuis qui nous empêchent de regarder calmement ce que nous sommes.

Pour lutter contre les tourments, Aristote conseillait pour analyser et résoudre un problème, d'établir d'abord les faits, puis de les analyser et enfin d'arriver à une décision. En effet tout problème exact porte en lui une solution, mais c'est notre petit moi qui crée des faux problèmes qui eux sont insolubles. Lorsque nous sommes harcelés par des soucis réels ou imaginaires, la première chose à faire est de s'abîmer dans une activité de tous les instants, sans jamais rêvasser, et surtout de se méfier de l'accumulation des petits ennuis beaucoup plus corrosifs qu'un seul gros. De toute façon il faut se tenir prêt, le cas échéant, à accepter l'inévitable, et se demander toujours devant un ennui : quelle est son importance relative? Nous ne savons jamais si cette contrariété dans nos projets ne nous paraîtra pas dans le futur comme bienfaisante.

Pour le moment, comme vous le voyez nous travaillons toujours avec la notion du Moi que nous essayons de débarrasser des conditionnements supplémentaires qu'il se crée lui-même à chaque instant. Marc Aurèle l'empereur philosophe, ne disait-il pas : « Votre vie est ce que vos pensées en font », idée que Milton reprit pour sa part en écrivant : « l'esprit est un monde à part et il peut en lui-même transformer l'Enfer en Ciel et le Ciel en Enfer ».

En effet l'homme n'est pas ce qu'il pense être, mais ce qu'il pense il l'est, donc si vous pensez et agissez joyeusement vous serez joyeux.

En outre il est indispensable d'éviter toutes pensées négatives voire agressives à l'égard de notre entourage, car il ne faut pas oublier une loi bien connue des praticiens de la magie, celle du choc en retour. Francis Bacon qui connaissait bien ces questions ne nous faisait-il pas lire sous la plume de Shakespeare : « Garde-toi bien de chauffer, pour ton ennemi une fournaise si brûlante qu'elle risque de roussir tes propres vêtements »; et Confucius de son côté ajoutait : « Etre victime d'une injustice n'est rien à moins que nous ne continuions à y penser. »

Ne perdez donc jamais une minute à penser aux gens que vous n'aimez pas, et si vous désirez le bonheur, cessez de réfléchir à la gratitude ou à l'ingratitude : donnez uniquement pour la joie de donner, et comptez vos raisons d'être heureux et non vos malheurs. Vous souvenant du principe antique et éternellement vrai, cherchez à vous connaître vous-même et à « être » ce vous-même; songeant que personne n'est exactement comme vous, dites-vous bien qu'une critique injuste est souvent un compliment indirect et très souvent une forme de jalousie.

Une autre sorte d'ennemi que rencontre notre stabilité intérieure et qui par l'attitude mentale et psychique qu'elle provoque peut même atteindre le plan physique, en se manifestant sous forme de fatigue, c'est l'ennui. Dieu sait combien l'existence peut paraître ennuyeuse et combien les activités que le destin nous a imparties ne correspondant pas à nos aspirations secrètes, sont génératrices d'ennui. Le seul remède, qui évitera les refoulements est de s'intéresser à son travail, à son genre d'existence et de s'efforcer de les rendre intéressants. Là encore, au début, vous devez ruser avec les réactions de votre Moi et agir « comme si ». Faites semblant vis-à-vis de vous-même d'être intéressé par ce que vous faites et à la longue vous y découvrirez un intérêt réel.

Si nous sommes arrivés à réaliser le but de ce premier stade ou même si simplement nous sommes sur le chemin de cette réalisation il est bon, nécessaire même pourrions-nous dire, d'examiner et d'attaquer la seconde étape, celle qui seule nous conduira vers le bonheur véritable, c'est-à-dire : la sérénité, l'harmonie avec les choses et les êtres, en un mot la Liberté au sens véritable du terme, sens qui ne peut paraître ésotérique qu'à ceux encore obnubilés et conditionnés par les attraits et passions du monde phénoménal et illusoire.

Sur ce nouveau chemin, les principaux problèmes rencontrés sont la notion du Moi, celle du renoncement et l'aspect métaphysique de notre quête. Pour le Moi ou ego, la première illusion est de croire que nous sommes ce que nous croyons être. Un philosophe contemporain Von Durckeim parle du petit moi et du vrai Moi, ce qui paraît exact car le moi est un concept, donc une idée que nous nous faisons, ce qui ne lui enlève pas une certaine réalité au sein du monde phénoménal.

La notion du Moi commence à se créer dès la naissance; sa première expression est formée à l'aide du corps et la deuxième à l'aide du mental qui enregistre et accumule en « mémoire » toutes les expériences faites au cours des contacts de l'enfant avec son environnement. Dès qu'il a pris conscience de son existence l'enfant pense et dit : « je suis », et c'est seulement l'amour, celui de sa mère, le premier, qui lui apprendra à dire : « tu es ». On pourrait donc dire que la connaissance est rattachée au sens du Moi, puisque « Je » connais, tandis que l'amour va vers l'autre. C'est la conjonction de ces deux principes de connaissance et d'amour, attributs tous deux de la seconde personne de la Trinité divine que par la domination du second sur le premier nous atteindrons la vraie et grande Connaissance, celle de ceux qui ont découvert qu'ils ne faisaient qu'un avec l'humanité et l'univers au sein de l'Unité divine. Ils retrouvent ainsi le Paradis Perdu dont le mythe d'Adam chassé du jardin d'Eden nous rappelle qu'il le fut lorsqu'il prit conscience, ou acquit la connaissance illusoire qu'il était « Je », donc différent et séparé des autres créatures. L'éveil peut nous être donné lorsque nous nous rendons compte que nous pensons successivement être ceci ou ceci, puis encore ceci et qu'au fond nous ne sommes rien de tout cela. Nous sommes en réalité quelque chose qui n'est ni le corps ni le psychique, ni le mental, mais le véritable propriétaire ou plutôt le témoin de leurs activités.

Comme le dit le mythe d'Adam, l'illusion de notre identité avec le Moi, l'ego, nous enferme dans un conditionnement qui nous prive du bonheur et de la liberté. L'égoïste, c'est-à-dire d'une manière générale celui qui croit être son Moi, voit toujours l'ego du voisin et automatiquement se compare et s'oppose à lui, d'où la souffrance. Et pourtant s'il savait qu'il est lui-même le geôlier de la prison où il se trouve, et qu'il est libre mais que c'est parce qu'il pense ne pas être libre, qu'il ne l'est pas!

Quant au renoncement, dont nous aurons à parler plus loin à propos du yoga et de la méditation, signalons que lorsqu'il est bien conçu, il permet le développement de la perspicacité et de l'intuition. Les plus grands sages nous ont appris qu'assez paradoxalement, il ne faut au fond renoncer qu'à ce que l'on n'estime plus. Sinon on tombe dans une forme transitoire et erronée de l'idée de sacrifice qui refoule des désirs inassouvis dans le subconscient. Il faut au contraire poursuivre avec enthousiasme ce qui pour nous semble avoir de la valeur jusqu'à ce que nous nous apercevions que notre attraction change de but, et qu'au fond elle n'avait qu'un caractère irréel. Ainsi, nous pouvons nous élever au-dessus, et devenir le spectateur indifférent sans être pris nous-même dans l'action. Bien des gens se demandent s'ils ont renoncé ou sont simplement indifférents, prenant le renoncement pour une vertu à acquérir et l'indifférence pour une faiblesse humaine. D'après ce que nous venons de voir, l'idée d'indifférence entre pourtant en jeu dans le renoncement. Par exemple, l'enfant qui a grandi a de l'indifférence vis-à-vis de ses jouets car l'indifférence est développée par l'intérêt pour autre chose, et n'est donc pas un sentiment négatif.

Si vous dites ou pensez : « tout cela ne vaut pas la peine, la vie est inintéressante », c'est une pensée négative, tandis que le renoncement, le détachement est la contrepartie d'un nouvel intérêt et n'a plus du tout de valeur en soi. Cette forme de renoncement, que nous venons d'exposer est la première étape pour nous habituer à ne pas accumuler des refoulements dans notre subconscient et nous faire prendre conscience de la valeur relative des choses.

Mais lorsque nous avons expérimenté et maîtrisé ce premier stade, nous nous apercevons que nous pourrons par cette méthode passer de renoncement en renoncement. Le yoga pourra nous aider parallèlement à développer les autres qualités requises pour atteindre la suppression de la notion du Moi.

Une idée fausse qui, par ailleurs, nous empêche de nous fondre au sein de l'unité est cette différenciation totale entre le créateur et la créature que s'efforcent de nous imposer la plupart des religions, faisant de Dieu une entité entièrement transcendante et refusant d'admettre son immanence. Les théologiens dans un but sans doute moralisateur, ou peut-être, pour beaucoup, par ignorance, ont tellement séparé l'homme de Dieu qu'ils ont créé un abîme entre eux, puis ont essayé de combler cet abîme avec ce qu'ils appellent les religions, suscitant ainsi une croyance qui agit comme un mur en attribuant à l'homme tous les péchés et la pureté à Dieu, d'où une nouvelle forme de manichéisme qui n'ose pas dire son nom.

Cette idée qui était bonne sur le plan moralisateur et social est malheureusement très loin de la vérité. En effet Dieu ne peut être qu'à la fois transcendant et immanent car si l'homme a emprunté son corps physique aux règnes minéral, végétal et animal consécutifs à l'involution puis à l'évolution de l'énergie divine descendue dans la matière, lui-même vient naturellement et directement de l'esprit étant cette étincelle divine, cette parcelle de l'intelligence universelle, un des aspects du foyer d'énergie cosmique que nous appelons Dieu.

Souvent on place la conscience divine et la conscience humaine sur des plans séparés en disant que celle-ci n'est qu'un instrument de la première. En méditant sur ce problème on finit par réaliser que nous ne sommes pas l'instrument mais la conscience divine elle-même partiellement incorporée et conditionnée par notre existence phénoménale. D'où un renversement total de notre conception de l'existence et la compréhension de ce que, comme le disait saint Paul, notre corps est le temple de Dieu. Ne sachant pas que Dieu, notre étincelle, notre véritable Soi, fait l'expérience de la vie à travers l'homme, on le cherche partout ailleurs, alors que depuis notre naissance il est en nous-même.

Si seulement nous pouvions comprendre le sens de nos existences! Notre participation à l'existence est souffrance comme disait Cakyamouni, et cette souffrance est celle de l'âme prise au piège de l'ignorance. Notre nostalgie, notre quête, c'est la Libération c'est-à-dire la réalisation de la Vérité. Si on voit clair, on est libre, réellement heureux, sinon on est enfermé : la prison c'est de ne pas savoir. Mais pour que toutes ces notions ne restent pas du domaine de l'intellect et passent dans une réalisation pratique, il est utile maintenant de dire quelques mots des méthodes et techniques connues depuis l'Egypte antique et encore pratiquées en Orient pour mettre le chercheur en condition de trouver sa réalisation. Nous allons donc étudier les Yogas et la Méditation, mais parlerons d'abord des états de conscience de l'homme et des Chakras, ces centres de force récepteurs et émetteurs de l'énergie divine dans le corps humain.

CHAPITRE IX

Les états de conscience

Dans la multitude d'ouvrages déjà écrits au sujet des rêves, il a été question du symbolisme de ces phantasmes nocturnes et de leur différenciation en songes prémonitoires ou prophétiques et en rêves courants inspirés pendant le sommeil par les préoccupations de notre esprit à l'état de veille.

Il y a une chose cependant dont il n'a pas encore été question et qui semble avoir un intérêt pour l'étude du problème, c'est la différence des états de conscience de l'homme qui rêve et selon lesquels le mental agit sur différents plans. On peut considérer qu'il y a quatre états de conscience :

— le premier est celui où le mental est actif sur le plan physique. Il correspond à la « conscience de veille », celle dont tout le monde se sert à l'état normal, et qui au fond est l'état de conscience le plus conditionné par toutes les contingences du plan physique;

— le deuxième correspond à l'état du mental agissant sur le plan psychique et donne la « Conscience de Rêve ». Celle-ci n'est plus conditionnée directement par le plan physique, s'échappe du monde à trois dimensions et se libère des notions de temps et d'espace. De même que lorsque nous utilisons consciemment comme véhicule de conscience notre corps psychique, nous pouvons aussi dans nos rêves nous déplacer instantanément d'un point à un autre du globe et vivre en quelques secondes des événements qui sur le plan physique demanderaient des jours ou des années ;

— le troisième état de conscience correspond à l'état du mental inférieur agissant sur son propre plan. Pour nous c'est un état de conscience dont nous sommes rarement conscients, celui du sommeil. Là, le mental n'est plus conditionné par toutes les illusions et visions du plan astral ou psychique, comme dans l'état de rêve ordinaire lié le plus souvent aux préoccupations de notre conscience de veille. Lorsque par hasard nous en ramenons des images, ce sont des figures symboliques, généralement géométriques d'un or très lumineux.

Cette conscience de l'état de sommeil est celle de notre ego, et c'est elle qui nous procure les songes prémonitoires car elle existe au-delà de la quatrième dimension. Ces songes sont très rares car pour que nous puissions les percevoir dans nos consciences de rêve puis de veille, il est nécessaire que nous ayons épuré ces dernières, et que par la méditation quotidienne nous ayons atteint le Silence et la Paix de l'Esprit.

Nous pourrions dire aussi que cette perception ne devient permanente que lorsque le disciple approche de l'état de maître, et domine complètement sa nature inférieure.

On sait en effet que l'homme incarné comprend sept éléments représentés symboliquement chez l'homme ordinaire par un triangle surmontant un rectangle, et chez le maître par un rectangle dominant le triangle dans ce cas matériel. Pour atteindre cet état, il faut que le quaternaire matériel et inférieur de l'élève soit devenu un ternaire dirigé la pointe en bas, et que son ternaire spirituel et supérieur soit devenu un quaternaire par l'adjonction ou la réunion de son mental inférieur à son mental supérieur qui est la base du triangle supérieur chez le disciple.

— le quatrième état de conscience correspond à l'état du mental supérieur uni à l'inférieur et agissant depuis le plan christique, celui de l'Unité. C'est la conscience proche de celle du Soi-supérieur dont l'homme normal n'a jamais conscience, celle du « Sommeil Profond ». C'est celle que sri Aurobindo nomme le « Supramental » et qui doit devenir celle d'une future humanité dont les membres seront parvenus au niveau qui actuellement est celui de ceux que nous qualifions de maîtres. De même que le corps psychique sert de véhicule à notre mental, le corps où nous prenons conscience de l'unité, sert de véhicule à la Lumière et à la Connaissance universelle. Ce corps est en quelque sorte la lentille qui fait se manifester cette lumière sur nos plans inférieurs. C'est pourquoi on dit souvent que « Dieu dort dans le minéral, rêve dans le végétal, sent dans l'animal et pense dans l'homme ».

Cette conscience christique devenue permanente, (et qui n'est pour nous encore que le sommeil profond) est le but de la Quête de tous les initiés. C'est véritablement ce qui a été symbolisé par le Vase du Graal qui reçoit la vie divine, et dans la tradition chrétienne, le Sang du Christ.

Le but du Raja Yoga et en particulier de la méditation est d'arriver à ce que nos trois corps physique, psychique et mental, deviennent un seul moyen d'action, un véhicule obéissant pour la conscience parvenue au niveau christique et que nous arrivions à passer de l'un à l'autre sans perdre conscience comme nous le faisons dans la vie courante lorsque nous nous endormons. Là encore il faut faire attention à ne pas se laisser emporter par son imagination qui souvent peut nous faire croire que nous faisons de véritables dédoublements ou sorties de notre conscience sur des plans supérieurs alors que nous ne dépassons pas alors le domaine du rêve éveillé. Rappelons-nous en effet que pour que nous puissions utiliser un de nos corps subtils comme véhicule de conscience, il est nécessaire et indispensable que notre conscience, même si nous ne nous en rendons pas compte à l'état de veille, soit déjà active sur un plan qui soit supérieur à celui dont elle veut utiliser la matière pour faire un véhicule et dont elle doit par conséquent maîtriser la matière dont il se compose.

Les chakras

Deux forces pénètrent dans l'atome physique ultime :

1° La force de volonté du Logos qui émane du troisième

aspect, notre Saint-Esprit et maintient l'atome dans la forme convenable;

2° La Vitalité Force ou Prana qui émane du second aspect, le Fils et qui pourvoit l'atome d'une vie nouvelle lui donnant une force d'attraction sur six atomes ce qui crée un globule de vitalité. C'est cet élément qui s'occupe d'assimiler la vitalité pendant le sommeil.

Pour recueillir cette force cosmique et pranique, le corps humain a été pourvu de centres de forces nommés « chakras » qui ont pour mission d'absorber et distribuer cette force dans le corps vital puis physique. Ce sont eux également qui amènent dans la conscience physique ce que chacun d'eux a reçu du centre psychique correspondant.

Ces chakras, le mot veut dire « roue » en sanskrit car ils tournent plus ou moins vite, se situent dans le corps de l'individu. A partir d'un plexus ou d'un ganglion nous avons ainsi un chakra éthérique ou vital et un chakra psychique. Les premiers se trouvent à 6 mm environ hors du corps physique et leur diamètre est de 5 à 15 centimètres. Il n'y a aucune connexion entre leur activité et le développement spirituel comme certains le croient. Le chakra éthérique est toujours à la surface du corps tandis que le chakra psychique qui, lui, possède quatre dimensions est parfois situé à l'intérieur du corps.

La force vitale arrive perpendiculairement au centre du chakra et se répartit parallèlement à sa surface. Le travail du yogi et de la méditation (bien ou mal compris) est d'amener la rotation de ces centres qui possèdent chacun un nombre déterminé de rayons de couleurs différentes. Notons au passage que certains rituels bien pratiqués, ce qui devient rare, agissent sur les chakras : celui du baptême met en route les chakras frontal et cardiaque, tandis que l'extrême-onction arrête et referme ces deux roues pour faciliter au mourant la traversée toujours effrayante pour le non-initié des bas-fonds du plan psychique que nous nommons Purgatoire.

Les chakras utilisés dans les yogas classiques sont au nombre de sept. Nous trouvons ainsi en remontant la colonne vertébrale :

1° le chakra Racine, à la base de la colonne vertébrale. L'énergie divine représentée par la flèche tenue pointe en bas par Dourga, la grande Déesse Mère, pénètre dès la naissance par la fontanelle et descend s'enrouler dans le chakra Racine ; c'est alors « le Feu Serpent » ou Kundalini en Inde. Tout le travail des yogas et de la méditation sera de la faire remonter au-delà de cette fontanelle par le nadi central, la Shushuma, ou canal épendyme, en éveillant au passage les autres chakras encore immobiles. Ce chakra divisé en quatre secteurs orangés et rouges a un certain rapport avec l'énergie sexuelle relevant elle-même d'un chakra voisin utilisé en magie noire et qu'il doit transmuer. C'est également par lui que l'on peut commander à la chaleur du corps, ce qui permet à des yogis de pratiquer le Tum-Mo, opération spectaculaire qui consiste, assis dans la neige à faire sécher rapidement par un effort de volonté un drap mouillé dont on les a enveloppés.

Chaque chakra étant sous l'influence d'une planète, celui-ci est dominé par la Lune.

2° le chakra Splénique (ou de la Rate) permet le souvenir du voyage en astral qui aurait été fait consciemment par l'individu. Le prana y est fractionné en sept rayons colorés dirigés vers les centres correspondants. Ce chakra est placé sous l'influence de Vénus.

3° le chakra Ombilical dont l'aspect psychique donne la perception et une sensibilité générale. Il donne aussi une perception des influences psychiques que l'on ressent sans comprendre pourquoi. Son maître est Mercure.

4° le chakra Cardiaque est important car il est le reflet du centre du chakra Coronal que nous verrons plus loin. Il permet d'avoir la conscience de la sensibilité des autres. Son rayonnement imprègne le sang. Il est sous l'influence directe du Soleil.

5° le chakra de la Gorge donne la clairaudience éthérique et astrale et est dominé par Mars.

6° le chakra Frontal, le fameux troisième œil dont on parle tant, donne la clairvoyance éthérique et astrale. Son maître est Jupiter.

7° le chakra Coronal, appelé souvent le « Lotus aux mille

pétales » est sous la domination de Saturne qui, comme dans le zodiaque garde la Porte des dieux. C'est par ce centre en effet que la conscience peut sortir, se libérant du corps pour atteindre bien au-delà du corps un chakra spirituel, extra-spatial, situé selon les individus entre quarante centimètres et quatre mètres au-dessus du corps physique. C'est ce dernier chakra qui est représenté sur certaines peintures égyptiennes ou sculptures indoues par une fleur dont la longue tige sort du sommet du crâne.

Notons également l'existence des « nadis », canaux subtils dans lesquels circule l'énergie et qui semblent bien avoir des rapports avec les lignes sillonnant le corps qui sont connues des Chinois et des médecins pratiquant l'acupuncture.

Les trois principaux nadis connus dès l'antiquité et qui sont représentés par le caducée de Mercure, accompagnent la colonne vertébrale. Ce sont :

IDA, féminin qui aboutit à la narine gauche et correspond à l'énergie lunaire.

PINGALA, masculin aboutit à la narine droite et correspond à l'énergie solaire.

Le yogi doit réaliser en lui-même l'union de ces deux principes telle qu'elle est symbolisée dans l'iconographie érotique, et cette union se fait par

SHUSHUMA le nadi central à la base duquel se rencontrent et pénètrent les énergies des deux autres.

Les yogas

Yoga est un mot qui veut dire « lien », et a la même racine que chez nous le mot joug (qui relie deux bœufs). Le yoga a pour but de réaliser l'union du moi inférieur au Soi supérieur, puis ensuite celle de ce dernier au Soi Universel. Il y a autant de méthodes que d'instructeurs et que d'écoles. La Conscience universelle, but à atteindre, est symbolisée par le Logos, nommé Ishvara en Inde et Dieu par les chrétiens.

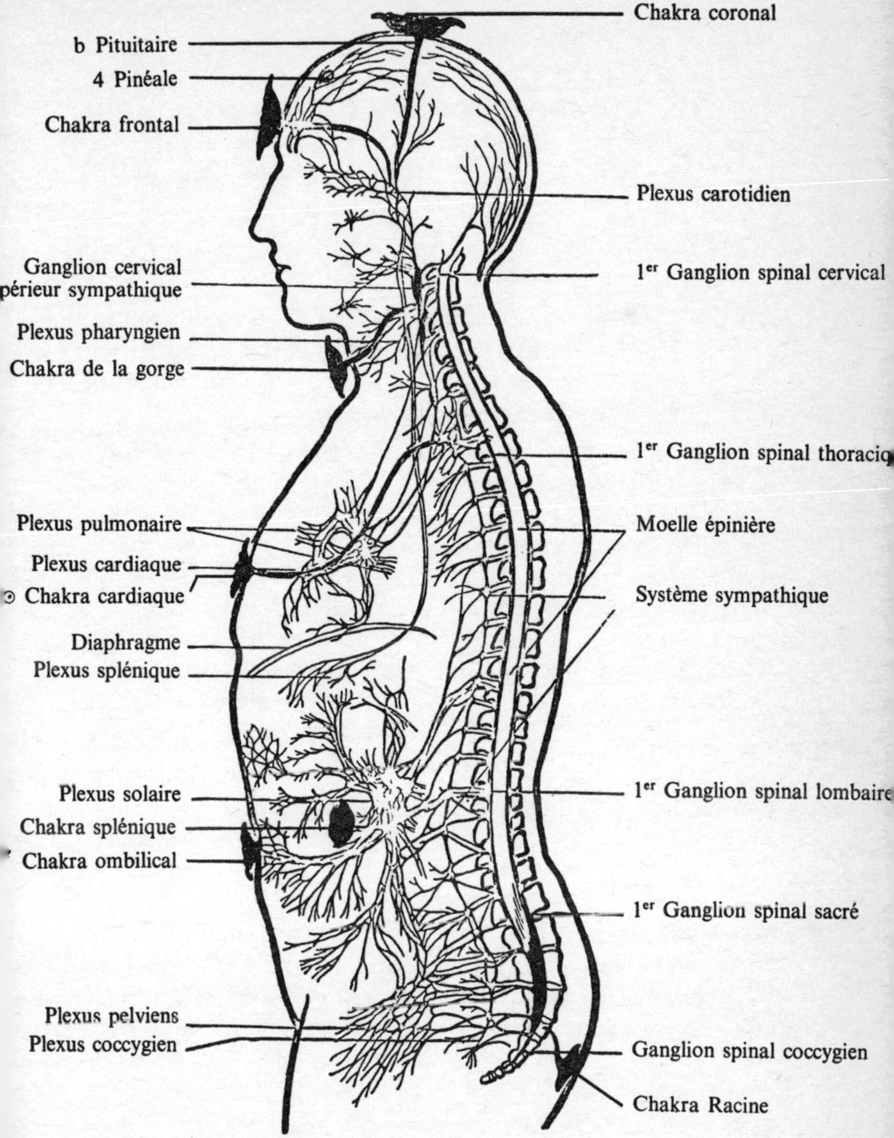

LES CHAKRAS ET LE SYSTÈME NERVEUX

Il y a de très nombreuses catégories de yogas portant des noms différents, mais que l'on peut grouper en cinq classes :

1° le HATHA yoga qui agit sur le corps physique pour préparer l'évolution spirituelle : une âme saine dans un corps sain. Il comprend les postures et les respirations dirigées.

2° le BAKTI yoga, celui de la dévotion et du mysticisme.

3° le JNANA yoga, celui de la connaissance; c'est un travail intellectuel pour chercher à comprendre et atteindre la Connaissance.

4° le KARMA yoga, celui de l'action. On travaille pour le service de l'humanité ou de Dieu plus que par la méditation, en agissant pour servir l'homme sans attendre un résultat ou une récompense même céleste de l'action.

5° le RAJAH yoga ou yoga royal est une synthèse des trois derniers. Il nous développe en nous apprenant la maîtrise de notre nature et en provoquant la soumission du physique et du psychique au mental supérieur. Il est donc diamétralement opposé au Hatha yoga. Ses méthodes s'appliquent à la maîtrise des pensées, des émotions et du corps physique. Ses règles qui existent depuis des millénaires ont été codifiées par Patanjali vers deux cents ans avant notre ère. Ce yoga est une méthode complète pour arriver à la Soi-réalisation.

Les différents corps de l'homme lui cachent la vérité. Pour le yogi ils sont au nombre de trois : le physico-vital, le psycho-mental, et enfin l'union du plan de conscience de l'Unité avec celui où réside notre conscience supérieure. Ces corps constituent notre univers objectif. L'âme par contre est une unité de conscience qui a trois facultés : l'Aperception ou faculté de connaître, la Vie et l'Immutabilité. Ces trois facultés de l'âme rencontrant les trois qualités de la matière : l'équilibre, l'énergie, l'inertie, produisent dans le monde manifesté et donc dans l'homme : la connaissance, l'activité, la volonté. Nous voyons ainsi que la véritable volonté provenant de l'action de l'immutabilité sur l'inertie est une qualité stable et sereine qui n'a rien à voir avec les mouvements violents de l'âme causés par l'envie puissante de réaliser un désir à assouvir, et que nous qualifions bien souvent de volonté. (Voir tableau chap. II.)

Le Rajah yoga se divise en huit parties :
1° l'entraînement moral (vertus négatives)
2° les habitudes régulières (vertus positives)
3° les postures
4° la maîtrise des forces vitales par la respiration
5° le contrôle du mental
6° la concentration
7° la méditation, dont les débuts correspondent à l'Oraison des exercices mystiques des chrétiens et que nous étudierons en détail plus loin.
8° l'extase (le samadhi), but final du yoga et qui comporte lui-même plusieurs degrés dè subtilité et d'élévation vers la conscience divine.

Notons que ces huit parties ne sont pas obligatoirement à suivre dans l'ordre. On peut en mener de front un certain nombre, notamment dans le cas où l'on choisit la technique supérieure consistant en méditation à s'élever d'abord vers sa conscience lumineuse puis, s'identifiant à elle, à la ramener vers des états de conscience inférieurs au lieu de travailler à l'intérieur de son aura, ce qui confirme le moi personnel au lieu de le dissoudre.

Le but est toujours d'arriver à incarner l'unité, la coïncidence du manifesté et du non-manifesté, de la parole et du silence, de l'action et de l'immobilité. Les yogis parvenus au bout du chemin sont des sages qui demeurent en parfaite harmonie avec ce qui fait la vie des autres hommes. Ils n'ont pas leur monde à eux, comme on le dit parfois à tort, mais sont pleinement dans le réel, un et multiple à la fois. Eveillés de notre rêve ils voient tels qu'ils sont les êtres et les choses.

Certains exercices sont des assouplissements de la colonne vertébrale au niveau de la cinquième vertèbre lombaire. Parfois aussi le disciple suit avec son doigt sur sa colonne vertébrale le tracé des nadis où circule l'énergie en repérant les points sensibles correspondant à la base des différents chakras. Cette technique d'origine thibétaine repose sur un paradoxe : consacrer à son corps mortel toute son attention pour arriver à le transcender et à en dépasser consciemment les limites. Ce n'est pas le corps lui-même qui est l'obstacle mais la conscience limitée au corps ou par le corps. Le yogi transforme ainsi son corps en un corps universel par identification du microcosme au macrocosme.

CHAPITRE X

La méditation

Après cet aperçu du terrain où va s'exercer l'activité du chercheur de la Réalité, jetons un regard sur le but à atteindre et sur les conditions requises pour mener à bien un travail de méditation. Nous pouvons considérer que notre conscience ordinaire, celle de veille ou celle de notre personnalité est un peu comme un appareil de photographie dépourvu d'objectif panoramique. La conscience du sage, par contre, ressemblerait à une lentille panoramique permettant lorsqu'il voit la trame des choses d'en voir également les causes. En effet il suffit de changer d'optique pour que l'existence disparaisse de la vue exactement comme dans le rêve. Dans celui-ci l'existence physique a disparu de notre vue parce que nous avons changé d'optique, mais elle n'en est pas pour cela inexistante. Au cours de notre recherche nous passons par des points de vue et des états de conscience toujours remplacés par d'autres et c'est ce qui constitue le cheminement sur le sentier. Lorsqu'on dit : nous sommes des pèlerins, on part du principe que l'on est la personne qui fait un voyage entre le passé et l'avenir, mais ce n'est pas cela : le passé n'est pas derrière soi mais en dessous parce que le temps évolue en bas, dans le plan de l'existence, alors que nous vivons l'éternité dans le moment présent, en dehors du temps, et l'avenir ne va pas se dévoiler le long du cheminement mais est déjà là dans le principe.

C'est ainsi que l'homme à la recherche de la réalité pense qu'il n'arrivera pas à la cerner puis il comprend subitement qu'elle est en lui et qu'il la cherchait partout ailleurs parce qu'il ne le savait pas. Avant d'entreprendre cette recherche rappelons-nous que s'il est possible de parvenir à la libération sans avoir pratiqué les exercices de méditation, il est possible aussi de les pratiquer sans progresser d'un pas vers la libération, tout en obtenant des résultats physiques et psychiques indiscutables et parfois toutes sortes d'expériences intérieures intéressantes mais ne dépassant pas le stade du monde phénoménal. L'essentiel n'est pas touché car la véritable connaissance du Soi n'est pas atteinte. Entre des états de conscience exceptionnels mais provisoires, la conscience elle-même reste inchangée et enracinée sur le plan physique.

Pour tendre vers la réalisation, c'est-à-dire à l'approche de l'Etre, but suprême de notre vie, certaines conditions sont à remplir. Tout d'abord avoir un esprit éveillé et vigilant. Cette vigilance n'est pas une attitude qui demande un effort ; elle consiste en une prise de conscience de ce que l'on est, d'où découle une connaissance qui nous fait saisir que nous possédons déjà à l'intérieur de nous-même cette étincelle avec laquelle nous pouvons provoquer la transformation.

La deuxième condition aidant à créer l'attitude juste est de regarder toujours en avant. Nous ne devons plus douter, ni penser aux essais infructueux du passé. Regarder en arrière est une faiblesse et engendre regrets et remords, ce qui nous fait perdre le peu déjà acquis. Dans notre cheminement vers l'Etre nous ne sommes jamais seuls, nous avons un éternel compagnon : cet Etre même que nous cherchons à atteindre, et qui est déjà là en nous.

Nous existons dans le « Non-Etre » mais devons arriver à un état supérieur de conscience qui englobe à la fois l'Etre et le Non-Etre. « L'Etre produit l'utile, c'est le Non-Etre qui le rend efficace », dit le Tao. C'est au sein de ce Non-Etre que la méditation nous aide à prendre conscience de notre vraie nature, et par là nous conduit vers une action juste.

Pour pouvoir entreprendre une méditation qui soit véritablement profitable, le point de départ est la relaxation, car c'est un processus de libération, d'épanouissement et non de contraction et de contrainte. Pour y atteindre il faut choisir la posture qui paraît la plus convenable à chacun. Les plus classiques et peut-être les meilleures sont : la position assise, les pieds touchant le sol et les mains posées sur les genoux. C'est la position égyptienne dans laquelle sont représentés nombre de pharaons. L'Orient nous conseille plutôt la position dite du dorge ou du lotus, correspondant à peu près à ce que nous appelons « s'asseoir en tailleur » car cette corporation avait jadis adopté cette position pour travailler assis sur une table sans se fatiguer. Il convient ensuite de desserrer sa ceinture : relâcher les muscles abdominaux est la base d'une attitude juste. La colonne vertébrale doit être droite mais le ventre décontracté. Le centre physique de gravité de l'homme qui est en effet situé sous le nombril possède une grande importance psychologique et offre une assise aux sentiments et à la pensée. En laissant tomber les épaules nous provoquons l'enracinement du corps physique au niveau de la terre ce qui est la condition nécessaire pour que l'âme puisse s'ouvrir à l'infini du ciel et tendre vers la vie spirituelle.

Lorsque nous avons trouvé la posture qui nous convient, il faut faire des exercices de respiration afin de purifier et régler notre système nerveux et les battements de notre cœur. L'impression de calme ainsi obtenue est extraordinaire. Puisque nous en arrivons à la méditation proprement dite, signalons que ce mot a induit en erreur beaucoup de gens sincères. En effet tous les exercices préconisés permettent un certain avançement mais pratiquement ne peuvent conduire jusqu'au but final : le samadhi ou extase, s'ils ne sont pas exécutés à la fin en présence d'un guru ou maître « véritable », arrivé lui-même au but et qui assume une direction adaptée au disciple et au point d'évolution de celui-ci. Arrivé là, les exercices trouvés dans les livres ou enseignés par de pseudo-maîtres, comme il en foisonne maintenant en Occident, ne sont pas plus utilisables que des appareils électriques que vous auriez acheté sans avoir le courant dans votre maison. Par exemple, les divers procédés préconisés pour lutter contre l'irruption des pensées au cours de la méditation peuvent être utiles au débutant mais en réalité le disciple sérieux et persévérant finit par s'apercevoir que c'est réellement impossible. En effet un maître sérieux vous dira : « laissez les pensées venir et laissez-les partir; si elles sont venues, elles partiront. Tant que la source des pensées existe, elles ne peuvent pas ne pas venir ». Il faut donc s'attaquer à la source, à la cause, pas aux effets. Les pensées qui troublent la méditation continueront à la troubler après vingt ans d'efforts et de trucs destinés à tourner l'attention vers autre chose. Elles cesseront dès que la cause, c'est-à-dire un désir ou une peur refoulée cessera de subsister dans les profondeurs.

Un autre exercice de méditation, une fois le calme obtenu par le premier, consiste à fixer notre attention sur les chakras, et par le moyen de la respiration et de la volonté, de visualiser leur mise en rotation ou en activité. On sait que ces roues doivent tourner dans le sens des aiguilles d'une montre placée le dos contre notre poitrine. A l'inspir on fait généralement pénétrer l'air et la force pranique par le chakra ombilical; on la fait descendre jusqu'à la base de la colonne vertébrale puis remonter le long de celle-ci à l'expir en s'arrêtant au chakra que l'on désire travailler. La force en sortant par ce chakra commence à le mettre en rotation. L'effet de l'expir peut être très amplifié en tenant compte de ce que chaque chakra correspond à une voyelle dont le son agit sur lui. On peut émettre ce son soit chanté ou parlé, soit simplement énoncé intérieurement si les conditions ne permettent pas de l'exprimer bruyamment.

A titre indicatif signalons les sons afférents aux différents chakras : le E pour l'ombilical, le A pour le cardiaque, le O pour celui de la gorge, le U prononcé OU pour le frontal et le I pour le coronal. Il est bon de faire vibrer intérieurement ces voyelles lorsque nous tentons de faire parvenir notre conscience dans un de ces centres. Le plus difficile à atteindre étant le coronal, il est recommandé pour le faire d'appliquer la langue sur le palais et de tourner les yeux vers le sommet du crâne pendant l'exercice. La méditation du débutant, tout au moins pendant de longs mois ou années devra se faire les yeux fermés pour supprimer une grande partie des impacts du monde extérieur physique. La fermeture des paupières met en effet la conscience de l'individu en rapport direct avec son corps psychique.

La méditation déclenche le réveil du mécanisme de relation entre le physique et le psychique et nous montre le conditionnement de notre conscience par l'entourage. Nous pouvons refuser ce conditionnement par l'action de notre volonté dont la méditation doit assurer le contrôle. Le contrôle du psychisme et du mental s'obtient par le souffle :

— A l'expir, il faut penser à l'univers et y dissoudre sa conscience individuelle, que l'on retrouve légèrement transformée à l'inspir suivant.

— On peut aussi considérer notre corps vital (électrostatique disent les scientifiques, et non électro-magnétique comme on le croyait) comme relié au champ cosmique correspondant.

— A l'inspir il y a contraction de ce corps vital et convergence de l'énergie cosmique vers le plexus solaire.

— A l'expir il y a dilatation de ce corps qui irradie l'énergie avec un rayonnement de l'aura.

En plaçant notre attention bien au-dessus de notre corps, nous développons une conscience plus universelle. Lorsque nous atteignons une conscience impersonnelle on la fait descendre à travers notre conscience individuelle. C'est ainsi qu'à l'inspir on surélève sa conscience par le chakra coronal ; à la rétention elle s'élève encore au-delà, puis à l'expir on fait descendre la conscience universalisée.

Nous voyons ainsi que, plutôt que de travailler à partir de l'intérieur au centre de notre aura, comme on le préconise souvent, ce qui confirme le moi puisque c'est lui qu'on développe, il vaut mieux commencer par prendre d'abord conscience de sa conscience lumineuse, arriver à l'intelligence pure, à l'absolu au-delà de tout attribut puis redescendre progressivement en vivifiant nos corps subtils et notre aura qui devient une cristallisation de l'intelligence lumineuse.

Simultanément, puisque l'homme est en évolution, il y a une

lumière ascendante qui rayonne à partir du corps physique. Le courant descendant provenant du plan divin sert pour ainsi dire de catalyseur pour permettre à l'homme la transfiguration du corps physique en corps glorieux lumineux, ce qui est le but de l'alchimie spirituelle.

Lorsqu'on s'est fixé dans sa conscience lumineuse on est devenu totalement impersonnel, et le fait de prendre conscience d'être une conscience lumineuse est ce que l'on nomme l'Illumination, la vraie bien entendu, comme celle de Jésus ou de Bouddha, et non le terme banal défini dans le Petit Larousse.

Au cours des étapes de la méditation où l'on est encore dans le monde de la dualité, une technique préconisée est celle de la visualisation ou de l'imagination dirigée. Elle consiste en la création puis en la dissolution d'une image. Pour comprendre que tout n'est que production de son propre esprit, le disciple consciemment va créer peu à peu en imagination, dans le silence et la pénombre, pendant des heures ou des jours, la forme de la divinité de son choix à qui la force de sa pensée donne autant de réalité et de présence que les objets de notre monde habituel. Tel fut notamment le cas extraordinaire de Ramakrishna avec la déesse mère Kali, puis avec Jésus. (Cf. « la vie de Ramakrishna » par Romain Rolland.) Ce phénomène est également produit, mais inconsciemment par beaucoup de mystiques chrétiens. Ces visualisations figurent et rendent tangible une énergie, un principe qui existe bien au-delà de ces formes. Mais du fait qu'elle a été créée par le disciple, cette forme devenue si présente pourra être dissoute graduellement et disparaître de son esprit. En répétant cet exercice il arrivera à percevoir que l'ensemble de la création n'a pas plus de réalité en soi que toutes les autres visions de notre imagination. Cela permet non pas de comprendre intellectuellement l'enseignement du Bouddha mais d' « éprouver », de « vivre » que tout ce qui paraît réel dans notre conscience de veille ou de rêve n'a pas plus de réalité en soi que nos visualisations. Le monde n'est qu'une forme, une cristallisation, une apparence de la seule réalité : l'Unique.

La méditation poussée à son plus haut degré correspond à

la suppression de la peur de la mort par la prise de conscience de la pérennité et de l'immortalité de l'Etre. Dans notre civilisation occidentale la plupart d'entre nous arrivent à vivre sans penser à la mort, à escamoter en surface la peur de la seule certitude que nous ayons depuis notre naissance : cette mort physique qui, seulement commence parfois à inquiéter les gens du troisième âge. Mais il ne s'agit que d'un refoulement dans notre inconscient, refoulement qui peut parfois être à l'origine de névroses ou de psychoses, et qui peut provoquer la panique ou le désespoir lorsque l'heure du passage est arrivée.

Mais pour les Orientaux la mort a deux sens. Il y a la mort du corps physique, cette mort qui est la terreur de l'ego, mais il y a aussi la mort ou dissolution de cet ego qui est la promesse de ce que nous pourrions appeler la résurrection au-delà du monde de la manifestation. Tant qu'un homme par la méditation n'a pas acquis une certaine expérience de son immortalité, il redoute la perte de son corps physique et sa décomposition. Les promesses religieuses dont il tente de se rassurer n'atteignent que superficiellement son psychisme et son intellect. C'est pourquoi, au fond de lui-même sa conscience limitée par les enveloppes matérielles du corps, c'est-à-dire celle de l'ego reste inquiète.

La mort de l'ego, ou extinction de la personnalité, tout d'abord effraie celui-ci, qui s'efforce par tous les moyens de résister à la méditation libératrice, et constitue ainsi un des principaux obstacles à la réussite de celle-ci. Et c'est pourtant là le seul moyen de libérer l'homme de la peur de la mort physique. Elle est une étape importante sur la voie qui conduit à la méditation ultime, sans forme, de la Vérité absolue. La méditation est aussi la conquête de la peur en général. Bouddha disait que le plus grand ennemi de l'homme est l'ignorance et ensuite la peur qui en découle. La peur est à la fois le produit de l'illusion du Moi et sa racine profonde. Celui qui est libéré sait que la Réalité est une et éternelle, et peut dire : « Je suis Cela » s'il est oriental, ou avec Jésus : « avant qu'Abraham fut, je suis ». Celui qui n'a pas atteint ce plan de l'Unité doit toujours se méfier de son ego. Cet ego limité, conditionné, cherche à éprouver : « Tout est moi, il n'y a que moi » ou bien : « Je suis une entité stable et éternelle. » Mais le reste du monde n'est pas en lui, et tant qu'il se sentira individualisé et séparé du monde, il sera forcément soumis à la mort.

Jung, dans sa psychanalyse parle du dragon que chaque homme porte en lui au fond de son inconscient individuel et qui paraît correspondre au « dragon du seuil » que l'on risque de rencontrer au moment de la mort. Par la méditation le disciple lui enlève son masque et constate que ce monstre ne peut rien contre lui, puisqu'il n'est qu'une production inconsciente de son esprit.

La méditation peut nous aider dans notre vie dans le monde, en réalité plus profitable à notre évolution consciente que le refuge dans le calme des monastères. Ceux qui en pratiquent les premiers éléments savent qu'une paix, une sérénité peut provisoirement s'établir en eux après quinze minutes ou parfois une heure de contrôle des pensées et de pranayama. Cela calme le système nerveux, le bouillonnement des pensées, les angoisses et permet d'entamer une journée dans de meilleures conditions; mais cette sérénité ne dure jamais et ne peut pas durer. Tout ce qui commence doit finir, et l'éternité ne peut être acquise consciemment que sur le plan de l'Unité.

Aller vers la vérité de ce que nous sommes, c'est la clef de cette ascèse. C'est pourquoi le chercheur spirituel doit prendre garde contre une dangereuse tentation, fréquente malheureusement, qui est de laisser de côté ses réactions, de refuser d'en tenir compte et de construire à côté une existence d'ascèse, de méditation, de concentration, voire d'illuminations, à laquelle hélas, l'Etre véritable ne prend aucune part. Seul l'ego est en jeu, et il n'y a alors nul espoir d'atteindre à la libération et à la sérénité durable.

Pour ceux qui veulent pratiquer yoga et méditation, il est indispensable d'être prévenu d'une distinction fondamentale existant entre les deux voies qui vont s'offrir à eux et entre lesquelles ils devront choisir : la Voie de la Libération ou de la Vérité Absolue, et la Voie des Pouvoirs ou de la Vérité

Relative. En Orient toutes deux sont considérées comme légitimes, mais ne sont jamais mises sur le même plan. En Occident, malheureusement, pour attirer les clients les pseudo-maîtres mettent trop volontiers l'accent sur l'aspect du merveilleux et de l'acquisition des pouvoirs. Rappelons-nous que tous les résultats obtenus par cette voie des pouvoirs, qu'ils soient bons ou mauvais, magie blanche ou noire, théurgie ou goëtie, ne sortent pas du domaine du monde phénoménal, même s'ils paraissent en violer les seules lois connues de nos savants. Ces pouvoirs qui paraissent miraculeux, ne le sont pas plus que l'emploi de nos sciences atomiques ou électroniques actuelles, qui aux yeux des physiciens du siècle dernier auraient constitué elles aussi des miracles. Comme disait récemment un maître soufi, les pouvoirs servent surtout à « épater le bourgeois ».

Mais la possession des pouvoirs, pas plus que celle de la bombe atomique ne peut apporter la liberté et la paix véritable qui est l'absence totale de peur. Celui par contre qui a choisi la voie de la Vérité absolue, lorsqu'il est éveillé au monde réel a trouvé pour toujours une paix qui dépasse toute compréhension car il est libre de tout désir, donc de toute crainte et, le reste, y compris les pouvoirs lui sont donnés par surcroît, puisqu'il demeure en tout et que tout demeure en lui.

Le travail à accomplir est un travail de transformation, une véritable alchimie spirituelle. Quand on parle de la mort de l'ego, du petit moi, cela ne veut pas dire qu'il faut le tuer, mais qu'il doit disparaître par transformation de sa nature illusoire en nature de l'homme du ciel. Si l'on veut sortir du dualisme faisant état du ciel et de la terre, de l'esprit et de la matière, du bien et du mal, etc. pour atteindre le non-dualisme, l'Unité, on voit qu'il ne s'agit pas d'opposition mais de complémentarité et que le monde des noumènes et celui des phénomènes ne font qu'un. Samsara et Nirvana ne sont qu'une seule et même chose, dit la sagesse indoue.

L'intuition

Nous savons que ce que l'on nomme intuition est la réception dans notre cerveau physique d'idées ou de pensées venant directement d'au-delà de notre mental, sans passer par les échelons intermédiaires. On peut croire souvent qu'une telle connaissance relève de l'imagination car il est difficile de reconnaître ce qui relève de l'imagination pure et de l'image dont notre cerveau entoure l'idée reçue d'en haut pour lui donner une forme perceptible à nos sens. Seul le semblable pouvant connaître le semblable, ne peut donc recevoir d'intuitions réelles que celui qui est déjà spiritualisé. L'intuition spirituelle est toujours liée à l'ouverture du cœur et l'imagination pure ne peut mener au plan divin qui ne peut être atteint que dans le silence, le secret, le vide.

L'intuition nous ramène au Soi, sans analyse, car celle-ci nous ramène au connu et le connu ne peut percevoir et connaître l'inconnu. L'imagination construit et choisit au lieu de se laisser saisir par l'Esprit-Saint; c'est pourquoi de nombreux Pères de l'Eglise ont lutté contre l'imagination, la jugeant utile comme instrument docile d'un cerveau éclairé mais dangereuse si elle se prend au sérieux, ce qui est hélas souvent le cas des visionnaires. En effet chaque impression ou passion psychique a une image qu'il faut empêcher de joindre l'intellect, car celui-ci la renforce et augmente son existence illusoire dans le monde phénoménal.

Le cœur, organe de perception est capable de revirements. Il peut être successivement voile ou tabernacle du mystère divin. Lorsqu'il y a purification du cœur il y a possibilité de recevoir des intuitions par destruction du voile cachant le tabernacle. On peut dire aussi que l'intuition pénètre et dépasse l'imagination et qu'elle est une intériorisation qui va chercher le réel derrière l'image.

Le travail de méditation dans le silence est propice au développement de l'intuition, en nous mettant en communion avec tous les êtres. Elle nous permet en outre de voir en nous ce qui a été créé par l'environnement et de développer nos propres conditions de réceptivité. En effet si l'on veut être réceptif il ne faut pas chercher à atteindre cet état, mais « être » sans vouloir « devenir ». La Mémoire universelle, qui est plus ou moins semblable à l'Inconscient Collectif de Jung, contient toutes les traces du passé en même temps que les prévisions de l'avenir. C'est elle en quelque sorte la source des intuitions perçues par les hommes, notamment par ceux qui ont atteint la sagesse. Celle-ci est pourrait-on dire, la condition de la Connaissance Universelle extérieure qui rencontre notre lumière intérieure.

Notons enfin qu'en matière d'intuition, celle-ci ayant toujours besoin d'une forme ou d'une formulation pour être comprise, le vieil adage philosophique reste toujours valable : « Vous ne pouvez comprendre chez les autres que ce que vous ressentez déjà en vous-mêmes. » C'est ainsi qu'une personne naturellement bonne et altruiste ne pourra sentir le mal ou la méchanceté chez les autres, les vibrations de ces défauts étant incompatibles avec ses propres vibrations. Remarquons que bien souvent une telle personne sera du reste considérée comme peu perspicace ou inintelligente par son entourage dont le taux de vibration ne sera pas accordé sur le sien. Peut-être trouvons-nous là l'origine de ce vieux dicton, issu de la sagesse populaire : « Nul n'est prophète en son pays ! »

Le magnétisme

Nous avons vu que le corps humain est un noyau capable d'attirer un champ magnétique par l'entremise des chakras. Ce magnétisme s'écoule du plus fort vers le plus faible comme dans les vases communicants. C'est ainsi que notre corps vital, électromagnétique ou électrostatique prélève son énergie sur l'énergie cosmique. Notre planète elle-même tire son énergie de la polarisation entre la pesanteur et son attraction vers la source d'énergie : le soleil. Sa pesanteur peut être considérée comme une nostalgie du soleil. La tension ainsi établie entre les deux pôles donne le magnétisme terrestre et humain.

Nous obtenons ainsi l'énergie du corps vital (moule du corps physique) qui est énergie pure. Pendant le sommeil, le corps vital se recharge en énergie cosmique. L'énergie que nous rayonnons en un jour ne peut être compensée par la seule nourriture et cette recharge nocturne, qui est indispensable, ne peut s'effectuer qu'à l'abri de la lumière. Il est donc mauvais de dormir avec une lumière près de soi. Par ailleurs tant que nous restons aux abords du sommeil, dans l'état de rêve, nous dépensons encore de l'énergie pour alimenter ces pensées oniriques et la véritable recharge ne peut se faire que dans le sommeil profond.

D'autre part, sur le plan physique et notamment dans notre civilisation occidentale de consommation, nous vivons mal, artificiellement et contrevenons aux lois essentielles de la nature. Nous vivons dans des maisons en ciment, véritables « cages de Faraday », entassés dans des villes où dominent les pollutions, et notre alimentation est le plus souvent irrationnelle. Pour nous permettre de nous recharger en énergie dans cette existence où nous la gaspillons inconsciemment, il serait nécessaire de temps en temps, en week-end par exemple d'aller nous asseoir dans la nature près d'une source, à côté d'un feu, ou dans le vent. Au point de vue alimentaire, pour lutter contre les produits sophistiqués, style américain, qui finissent par composer la base de notre nourriture, il est recommandé de revenir à des produits naturels de qualité énergétique comme le riz gris, les pépins de potirons, les racines de salades ou d'herbes, sans oublier les radis et le gingembre qui sont de la nature du feu.

Nous pouvons aussi, lorsque nous méditons, faire des exercices de recharge en nous concentrant sur les éléments primordiaux : Feu, Terre, Air, Eau et Ether. De même, lorsque nous contrôlons notre respiration, il faut soutirer l'énergie cosmique à l'inspir et en rejeter les déchets à l'expir. Nous pouvons ainsi ressentir la conscience du Prana ou énergie cosmique à travers le champ magnétique humain de notre corps vital.

L'énergie cosmique incorporée par notre corps vital peut revêtir plusieurs formes. Nous avons ainsi le « Magnétisme de Feu » qui brûle intensément les déchets de notre organisme. C'est une forme d'énergie corporelle qui peut être dirigée et transmise, et qui en nous-même peut se transmuer en conscience lumineuse. Certains exercices de recharge de ce magnétisme se font en contemplant le soleil ce qui est très dangereux pour la vue, aussi est-il indispensable de protéger les yeux parce que la rétine peut être sérieusement atteinte, l'homme normal ne possédant pas la faculté de regarder impunément le soleil en face comme l'aigle ou Alexandre le Grand selon la tradition.

Nous avons également « le Magnétisme Aérien » que nous pouvons nous procurer par des exercices yogiques ou de méditation. Il faut s'entraîner à communier avec la liberté de notre conscience dans l'espace, à dissoudre le champ magnétique de notre corps vital et ensuite le reconstituer par une action directe de notre conscience sur ce champ. Nous devons ainsi conserver le contrôle de notre corps vital éthérique qui, lui, se contracte à l'inspir et se dilate à l'expir, et dont les pulsations sont dix fois plus rapides que celles de notre cœur.

Il y a aussi le « Magnétisme provenant de l'Ether », beaucoup plus subtil que les précédents et dont nous ne pouvons nous rendre maîtres facilement. On peut le considérer comme un don direct de la divinité, reçu comme une grâce, diraient les chrétiens, lorsque nous sommes dans un état de conscience absolument détendu et réceptif. Les mystiques disent que pour pouvoir recevoir cette énergie il faut « se laisser terrasser par le Saint-Esprit ». L'image orientale de la Grande Déesse Mère Dourga tenant une flèche dirigée pointe en bas (voir au Musée Guimet) est aussi un symbole de la même idée.

Usage du magnétisme

Lorsque notre corps vital se charge normalement du magnétisme terrestre ou cosmique, notre potentiel vital se trouve développé. Sachant comment approvisionner cette énergie, nous pouvons en disposer sans limite pour la rayonner, la diriger vers un autre individu qui en manque et l'aider à recharger ainsi son corps vital. Pour soigner un malade par cette méthode on le fait par imposition des mains. Il faut commencer par enlever au niveau de la partie malade, la partie du corps vital qui est atteinte ou déficiente en la balayant énergiquement du revers de la main. Bien secouer ensuite sa main vers le sol ou la passer dans l'eau courante pour ne pas se charger soi-même du mal que l'on veut soigner.

Ensuite par imposition des mains, les doigts dirigés vers la partie à reconstituer, on recharge de magnétisme neuf cette partie du corps vital du malade. Ce corps étant le moule constructeur du corps physique, ce dernier sera rapidement débarrassé du mal. Certains individus à la volonté forte peuvent aussi transmettre ce magnétisme par la puissance du regard, mais ce procédé n'est pas recommandé car il peut facilement être confondu avec l'hypnotisme qui, lui, est franchement déconseillé car il s'agit alors de prise de pouvoir sur le mental d'un individu, et jamais un guru authentique ne se permettrait une telle violation de la personnalité, même dans un but éducatif et altruiste.

A côté du magnétisme physique dont nous venons de parler existe aussi le « Magnétisme Mental ». Celui-ci est utilisé par des médecins pour soigner à distance leurs malades en les rechargeant par la force de la pensée. Cette utilisation de la pensée sur le plan médical peut se rapprocher du pouvoir de certains orateurs de transmettre leur conviction au public auquel ils s'adressent. Cette énergie mentale se dépense quotidiennement comme l'énergie physique mais ne se recharge pas par le sommeil car elle ne dépend pas du corps vital. Elle se recharge normalement par l'intérêt que l'on porte au sujet qui fait l'objet de la dépense.

On peut distinguer aussi le « Magnétisme du Cœur » qui est plus grand que le magnétisme mental et qui est fourni par le corps christique. On le trouve chez les êtres qui sont devenus « pur amour » et qui ne veulent rien pour eux-mêmes, mais sont comme un canal de transmission de cette force christique vers les autres individus.

On connaît enfin le « Magnétisme de l'Ame ». C'est celui du guru devenu maître de lui-même sur tous les plans et dont le renoncement est total. Son magnétisme personnel résulte de sa conscience d'être lui-même le divin, source de toute énergie. C'est à proprement parler le magnétisme royal qui irradie de la personne du guru et dont profitent ses disciples.

CONCLUSION

Dans le grand tour d'horizon que nous venons de faire, nous avons tenté d'expliquer que tant sur le plan cosmique que sur celui de l'homme, la véritable identité de l'Etre est derrière le décor que nous présente l'existence et que nos sens abusés et conditionnés nous font prendre pour une réalité alors qu'il ne s'agit que d'images reflétant des facettes de la pensée et de l'intelligence universelles. Ces images plus ou moins déformées de leurs formes archétypales, fruits elles-mêmes de l'imagination créatrice de l'Unique constituent le monde de l'existence phénoménale où nous sommes incarnés. Le but de notre existence, but que nous cherchons plus ou moins consciemment, est d'atteindre l'envers de ce décor, le royaume de la Vie une et omniprésente par l'élimination de notre attachement à ce monde illusoire où règne la multiplicité issue de la dualité, base elle-même de la souffrance, de la peur et de la mort.

Lorsque notre conscience a traversé le décor et s'élève vers le plan de l'Unité, elle tend vers cette félicité, l'Ananda des Indous, dans laquelle il n'y a plus de place pour aucune des contingences attachant notre moi à ce monde. L'homme qui a compris, puis est arrivé à vivre, à « être » cette unité, existe dans un état de sérénité parfaite se sachant éternel. Les sages disaient jadis que les dieux de l'Olympe étaient immortels, mais que l'homme était éternel. En effet c'est Athéna qui a tissé les vêtements des dieux nous dit la mythologie, ce qui revient à dire qu'ils ont été créés par l'intelligence humaine, entrant dans le temps et l'Histoire lorsque l'homme fut capable de concevoir les idées abstraites qu'ils représentent et de les concrétiser. Ayant donc un commencement et une fin comme c'est également le cas des dieux germaniques du « Crépuscule des Dieux » ils ne sont pas éternels et relèvent du monde phénoménal issu de la grande Vierge Mère, dite mère des dieux et de l'Univers. L'homme véritable, lui, est une étincelle divine émanée directement du Dieu unique et participe ainsi à son éternité.

Lorsque la conscience humaine est devenue lumineuse, ayant atteint le plan christique de l'Unité, l'homme conserve en permanence cette conscience, la sienne, a travers les états de veille, de rêve et même de sommeil profond. Dans ces derniers états il reste conscient et regarde en spectateur l'activité qu'y développe son mental. Dans cet état de surmental (qui n'est pas encore le supramental étudié par sri Aurobindo, et qui lui, relève d'un plan divin encore supérieur au plan christique) l'homme peut déjà consulter ce que l'on nomme la Mémoire de la Nature où sont enregistrés depuis l'origine tous les faits et événements du monde phénoménal créés par l'imagination créatrice, qu'elle soit divine ou humaine, et par les pensées des générations qui nous précédèrent.

Mais avant d'arriver à ce niveau de conscience surmentale ou supramentale nous devons lutter quotidiennement dans l'existence du monde où nous existons, contre les embûches de chaque instant. Souvent même, si nous sentons être sur la bonne voie, l'action du monde extérieur agit sur nous mentalement ou psychiquement, et nous retombons un peu en arrière, nous sommes « pipés » (comme disait un grand sage que nous avons eu la joie de connaître) par les attraits et les déceptions du monde phénoménal, et nous avons tendance à perdre courage devant les nouvelles difficultés ou « tentations » qui se présentent. Rappelons-nous alors que ces dernières sont simplement les manifestations du mouvement involutif de la Vie, plongeant dans la matière pour la vitaliser et qui s'opposent au mouvement évolutif de la conscience cherchant à se libérer de cette matière.

Pour remonter la pente et continuer le chemin de la Libération vers la recherche de la réalité, songeons que seule la personnalité, le moi, est ainsi mis en cause, et que notre être éternel n'est pas atteint. Nous pouvons considérer ce moi comme un simple canal recevant par son corps causal la force divine transmise par le Soi et éclairant notre conscience terrestre pour la rendre lumineuse et rayonnante à l'égard de nous-même et de ceux qui nous entourent. Il est essentiel de ne jamais perdre courage, de n'éprouver aucun sentiment de remord ou de regret, mais comme nous le disions plus haut de simplement « constater » ce qui arrive sans juger, et toujours regarder en avant et jamais en arrière.

Puisque comme nous l'avons vu, nos chutes et nos rechutes proviennent de cette lutte incessante entre les mouvements involutifs et évolutifs de la Vie Une considérée à ses divers degrés de développement, nous ne devons pas nous laisser effrayer par les théories manichéennes faisant état de deux entités divines, l'une bonne, l'autre mauvaise. Cette conception avait été imaginée par Manès pour tenter d'expliquer cette lutte entre deux forces apparemment opposées mais pourtant complémentaires, puisqu'il prévoyait qu'à la fin du cycle le dieu mauvais disparaîtrait et serait résorbé dans l'Unique. Certains gnostiques, et à leur suite les cathares albigeois, considérèrent ce dieu sombre comme le Démiurge (le second dirions-nous), créateur du monde matériel; ce qui ésotériquement peut se comprendre puisqu'il s'agit de l'aspect involutif de la force divine descendant dans la matière pour la créer, l'organiser et la maintenir en vie.

Lorsque cette conscience-vie prend conscience d'elle-même, elle aspire à remonter à son origine et est aidée alors par un nouvel influx divin émanant du Père et correspondant à ce que les mystiques chrétiens et indous appellent la Grâce. C'est cette même force involutive que le christianisme a exotériquement anthropomorphisée sous la dénomination du Diable, de Satan dont l'existence illusoire, elle aussi dans le monde phénoménal n'est qu'une création de l'intelligence humaine au même titre que celle des dieux de l'Olympe. Nous restons là encore dans le décor de l'existence et ne pouvons comprendre et nous libérer de nos craintes qui renforcent l'emprise de la matière sur notre conscience, qu'en regardant ce qui se passe réellement dans l'envers du décor derrière le rideau, là où rayonne toute lumière et toute intelligence.

La recherche de la Connaissance et le développement de notre conscience jusqu'au plan christique où elle participe à l'unité cosmique jointe au sentiment d'amour universel émanant de ce plan, peuvent seuls nous conduire vers la Libération, cet état où la sérénité est, comme nous l'avons vu ; exempte de toute crainte. C'est en réalité ce que l'on veut indiquer lorsque l'on dit que l'Eglise du Christ passera par trois phases : celle de Pierre avec la morale et le dogme, celle de Jean avec l'Amour, et enfin, pour parfaire le cycle et atteindre la libération de l'homme et la création de son corps glorieux, celle de Jacques ou Eglise de la Connaissance. Certains affirment que l'ère du Verseau dans laquelle nous entrons, verra au cours de ses deux millénaires se développer cette troisième forme d'Eglise.

L'homme qui part à la recherche de la Connaissance comprendra que toute l'intelligence venant du Père est déjà dans sa créature. L'arrêt momentané par la méditation journalière, ou autre procédé, qui suspend pour un temps l'emprise du monde matériel qui nous enchaîne, nous permet d'œuvrer plus justement en donnant accès à l'intuition.

L'adoration, l'amour, de tout ce qui est grand, généreux et beau (le Bien, le Beau, le Vrai, de Platon) conduit à la connaissance de Dieu plus sûrement que le constant rappel du péché. Il devra donc se rappeler que la mort vue de la terre est simplement la fin d'une étape. En soi, elle n'a rien de douloureux ; elle est naturelle et bienfaisante comme la venue du sommeil et du repos après la fatigue de la journée. Elle rafraîchit l'âme dans le renouveau et l'oubli. Elle est donc comme le renoncement, comme tout ce qui dans la loi du Cosmos permet de s'arrêter, de se ressaisir dans le dépouillement total du Moi, de ses désirs de ses regrets. Seul le mental en fait un spectre effrayant, par un attachement au Moi personnel et à l'apparence mortelle de l'Etre qu'il représente. La raison humaine oublie en effet que l'ego lui-même, comme les corps physiques qu'il revêt successivement meurt un peu chaque jour avec la croissance intégrale de la Vie, pour mourir finalement afin de s'accomplir dans la pleine vérité de sa nature.

De même en développant la connaissance on s'apercevra que c'est une erreur commune à beaucoup de chrétiens de s'imaginer qu'ils seront sauvés parce que Jésus est mort sur la croix pour les racheter. C'est un peu simpliste, car si le Verbe s'est incarné en prenant un corps humain c'est pour nous donner l'exemple des difficultés et des souffrances que tout homme aura à surmonter physiquement ou moralement afin de rejoindre le Père avec qui il ne fait qu'un. D'autre part il y a dans cette croyance une des ruses du mental égoïste qui ramène tout à lui, un piège auquel l'homme cède en tout temps avec la plus grande facilité, car il est toujours agréable de compter sur quelqu'un d'autre pour assumer votre propre responsabilité. En outre nous y retrouvons la notion de dualité, de moi et de l'autre, donc de séparativité, même si l'autre est Jésus.

C'est pourquoi il semble incompréhensible que l'Eglise n'enseigne pas officiellement que l'homme porte en lui cette étincelle divine, qui est son véritable « être » et dont il doit développer la croissance en la libérant des entraves du monde matériel, puisqu'en effet il ne pourra atteindre le « Salut » qu'en faisant grandir le Christ qu'il porte en lui jusqu'à sa fusion avec le Christ cosmique.

Annexe I

SYNTHÈSE TRINITAIRE DE LA CRÉATION

Nous avons vu au chapitre II que la création s'effectue à partir d'une Idée de l'Unité divine inconnaissable, sauf par elle seule, sur son propre plan, car même les ordres angéliques les plus subtils ne peuvent élever leur conscience jusqu'au domaine de l'Absolu. Ce Dieu unique, le Sat des Védas, contient tout en potentiel non manifesté. Lorsque, après un repos cosmique de 311 milliards d'années (une nuit de Brahma), l'idée d'une création nouvelle germe en lui, il la manifeste tout d'abord par sa différenciation en deux polarités (prototype du couple éternel et universel : Père/Mère) d'où découle son objectivation en trois hypostases ou « personnes » des chrétiens : (personna = masque en latin).

— La première, le Père non manifesté est la cause première et finale, le Principe... « dans le Principe était le Verbe » dira saint Jean.

— La seconde, le Fils représente la différenciation en Esprit/Matière (la Grande Illusion). Saint Grégoire nommait cette seconde personne : « la détermination de Dieu ». Saint Irénée disait que le Fils est la « mesure du Père » et pour saint Thomas, il était « la forme exemplaire des créatures ». Cette définition appliquée à Jésus, le désigne comme un modèle vers lequel doivent tendre les hommes, mais sur le plan de la création indique que la seconde hypostase donne la forme à l'archétype, et crée un prototype des futures créatures.

— La troisième, le Saint-Esprit, est l'Intelligence universelle, l'âme universelle, la Mahat des Védas, la cause efficiente. C'est le noumène cosmique de la matière et la base des opérations intelligentes de la Nature.

Lammenais disait de ces trois personnes que :

— Toute Force est un écoulement du Père.
— Toute Forme, un écoulement du Fils,
— Toute Vie, un écoulement du Saint-Esprit.

Saint Jean plus ésotériquement condense sa définition de la trinité divine dans les trois termes : Vita-Verbum-Lux (la Vie, le Verbe, la Lumière).

Lorsque l'Unique pense en lui-même à sa création, les trois personnes émettent successivement une vague de Vie. La première émise est celle du Saint-Esprit, la seconde celle du Fils. Le Père n'agit directement qu'en dernier et seulement dans l'homme. L'ensemble de l'action créatrice peut se synthétiser par ces trois vagues de vie dont les activités sont fort différentes.

1re Vague. Celle du Saint-Esprit, constructeur des atomes et de leur différenciation. C'est l'Eternel Chimiste, origine de l'atome et de la Vie. Il travaille la racine de la matière qui remplit les espaces interstellaires et qui est composée de bulles creuses remplies non de matière mais d'énergie. Ces bulles qui seront réunies pour former les atomes sont donc constituées de vide absolu, et nos physiciens modernes redécouvrent ce qu'enseignaient les Rishis antiques : « la matière n'existe pas ». Le Mouvement, cette force action du Saint-Esprit est éternel dans le non-manifesté. C'est quand la chaleur met en mouvement les particules de la matière primordiale que le mouvement devient tourbillon.

Avant de recevoir cette première vague de vie, la matière vierge cosmique est stérile car ses trois qualités : mobilité, inertie et rythme sont en équilibre. Le Saint-Esprit rompt cet équilibre et féconde la Vierge par sa force dont le but essentiel est de différencier cette matière. Cette force agit une seule fois dans ce sens au début, et cesse dès que les divers états atomiques sont formés. Elle n'est plus ensuite que conservatrice (cf. le mythe de Vishnou), puis à la fin devient destructrice comme nous le verrons.

2e *Vague,* celle du Fils constructeur des formes avec les atomes fabriqués par le Saint-Esprit. Eternel Tisserand, il est à la fois le principe de la forme et de la Sagesse. La première vague de vie se manifeste par la chaleur sombre, la seconde par le Feu et la troisième par la Lumière. Ces trois états vibratoires changent progressivement de fréquence en s'abaissant jusqu'au Son. Quand il y a Son, il y a forme, car le son est la manifestation du Verbe créateur de la Forme. Peut-on dire que c'est une coïncidence si l'identité entre le Son et le Fils a été conservée dans les langues nordiques et anglo-saxonnes où fils se dit sohn ou son?

La construction du cosmos est donc due à un ralentissement du taux de vibration de la lumière primordiale du Père, et sa destruction sera provoquée par une accélération de la vague de vie émise par le Saint-Esprit qui supprimera les différenciations atomiques en les restituant au chaos primordial. La force du Fils modèle donc les formes et ce courant de vie agit lui-même par sept émissions successives. Les vagues de vie du Fils et du Saint-Esprit agissent par rayonnement et sont collectives, ce qui les différencie foncièrement de la troisième.

3e *Vague,* celle du Père qui apporte la « Soi-Conscience » à l'homme. En effet l'animal sait, mais ne sait pas qu'il sait, ce qui est un privilège de l'homme. Cette vague est le principe de l'individuation créateur de l'âme humaine, comme on dit improprement de nos jours, car il s'agit de la descente de l'esprit, d'une étincelle divine. Cette force agit individuellement et se manifeste autant de fois qu'il y a d'âmes à amener en incarnation.

Cosmogonies

C'est sur le schéma synthétique des opérations divines nécessaires à la création de l'univers et de l'homme que brodèrent les mythologies et les religions en personnifiant toutes les différenciations d'actions de causes et d'effets produits. Tous les grands principes de base ont fourni l'image de divinités remplissant des fonctions identiques et qui ne diffèrent que par leurs noms. Souvent pour les détails chaque région a fourni sa légende et sa divinité ou son héros local, ce qui, dans le cas de la Grèce antique a donné une quantité de double emplois qui compliquèrent la mise en ordre d'un arbre généalogique des Olympiens.

Peut-être pouvons-nous rattacher à ce fait cette déclaration paradoxale à première vue d'un philosophe antique : « les dieux sont immortels, les hommes sont éternels ». Sans doute les dieux, en particulier les Olympiens dont les vêtements furent tissés par Athéna, c'est-à-dire furent créés et nommés par l'intelligence humaine participant à l'universelle, ne sont pas en réalité immortels puisqu'ils ne sont que le fruit des pensées de nos lointains ancêtres. Par contre l'homme Véritable, l'Esprit qui domine et habite le corps et l'âme de nos personnalités est bien immortel puisqu'il est cette étincelle divine déposée par le Père dans la troisième vague de vie.

Signe du Zodiaque	Planète en domicile	Ordres Célestes	Noms	Qualités	Action du
Bélier	Mars		ADI	Ier plan divin	
Taureau	Vénus		ANUPADAKA	2e plan divin	
				Seigneur de	
Gémeaux	Mercure	1	Séraphins	l'Amour	Père
Cancer	Lune	2	Chérubins	l'Harmonie	—
Lion	Soleil	3	Trônes	la Flamme	—
Vierge	Mercure		Principautés	la Sagesse	Fils
Balance	Vénus	4	Archées	l'Individualité	—
Scorpion	Mars		Vertus	la Forme	—
Sagittaire	Jupiter	5	Dominations	l'Intellect	St-Esprit
Capricorne	Saturne	6	Archanges	du Feu	—
Verseau	Saturne	7	Anges	la Vie	—
Poissons	Jupiter	—	Esprits Vierges	Monades	

Autour du Dieu Unique, toutes les traditions placent en général sept phalanges de serviteurs devenus chez les chrétiens les chœurs des Anges. Ces ordres d'esprits célestes correspondent aux pouvoirs créateurs, aux vertus de Dieu et l'antiquité avait fixé à chacun d'eux comme zone d'influence un des signes du zodiaque. Le tableau précédent indique, en suivant l'ordre classique des signes, la position, le nom et la qualification de chacun d'eux.

Ce tableau nous montre tout d'abord que les deux premiers signes représentent des plans essentiellement divins où nulle entité, si spirituelle soit-elle ne peut parvenir. Le premier : ADI est le plan de l'Unique, et le second : Anupadaka nous indique qu'il s'agit du plan divin démiurgique, celui où vit Ana ou Anu, le dieu cornu domicilié dans le signe du taureau. Nous n'atteignons le domaine des constructeurs qu'à partir des Gémeaux où nous rencontrons les êtres qui sont le plus proches de l'Ineffable. Rappelons que dans la dénomination des éléments constituant les corps des divers ordres célestes que nous allons examiner, il s'agit de la forme ou plutôt de l'essence élémentaire de celui-ci et non de la manifestation que nous en connaissons sur notre globe, telle que l'eau de nos rivières ou l'air que nous respirons.

1er Ordre. Les Séraphins sont formés uniquement du Feu divin, l'Atma des Védas. Ils ne s'occupent pas directement du globe physique qui porte l'humanité mais des sphères subtiles, internes et invisibles.

2e Ordre. Les Chérubins, composés de Feu et d'Ether sont également sans forme. Ils sont les prototypes des étincelles divines qui s'incarnent et fournissent à celles-ci un véhicule subtil, l'âme divine. Remarquons que cet ordre a pour domaine le signe du Cancer, symbole de cette matrice universelle et domicile de la Lune. Les Hébreux avaient en conséquence décoré leur Arche d'alliance, autre symbole de cette matrice de la nature, avec des Chérubins adorant Jéhovah l'esprit mâle et positif du dieu lunaire.

3ᵉ Ordre. Les Trônes émanant des précédents, sont formés de Feu, d'Ether et d'Eau. Ces anges correspondent à la triade spirituelle de l'homme et sont le prototype de l'esprit humain fait à l'image de Dieu.

4ᵉ Ordre. Nous touchons ici à un mystère caché dans le zodiaque. Il est dit en effet qu'à l'origine la Vierge et le Scorpion formaient un seul signe qui fut séparé en deux lors de la création de la Balance. Ces trois signes actuels, domiciles des Principautés, des Archées et des Vertus naquirent dès l'émission de la seconde vague de vie, celle du Fils, l'Eternel Tisserand, le principe de la Forme et de la Sagesse. Ces trois chœurs d'anges groupés dans le quatrième ordre sous la direction du Fils, sont formés de Feu, d'Ether, d'Eau et d'Air. Nous arrivons avec eux au quaternaire et nous trouvons devant des entités substantielles. C'est le groupe le plus élevé parmi les formes atomiques et le chœur des Archées serait une sorte de pépinière des âmes humaines.

5ᵉ Ordre. Les Dominations. Puisque nous remontons le courant des vagues des vies, nous arrivons maintenant à la première, celle du Saint-Esprit. Ces êtres célestes sont le plus élevé des trois ordres qui travaillent pour l'Eternel Chimiste. Ce sont des êtres que le symbolisme rattache à l'étoile à cinq branches, image elle-même de l'homme qui a acquis la perfection. Comme fonction ou attribut du Saint-Esprit, ils contiennent l'Intelligence Universelle.

6ᵉ et 7ᵉ Ordres. Les Archanges et les Anges semblent interdépendants et participent aux qualités inférieures du quaternaire. Ce sont des entités conscientes et éthériques émanées du groupe des Archées et qui se différencient en de très nombreux sous-groupes. Les plus inférieurs de ceux-ci sont les esprits de la Nature dont les espèces sont innombrables et qui forment le dernier échelon de la création précédant l'atome physique. Les plus élevés sont presque inséparables de l'homme et comprennent les anges gardiens.

Ces anges possèdent six éléments dans la composition de

leurs corps : ce sont des hommes moins le corps physique. Nous pouvons remarquer que les deux signes qui leur sont affectés dans le zodiaque, le Verseau et le Capricorne, sont tous deux les domiciles de Saturne, ce vieux dieu barbu qui a fourni l'image classique du Créateur et qui serait bien ainsi le point de départ de la première vague de vie.

Le douzième signe du zodiaque, les Poissons, image du chaos précosmique serait en dehors du circuit des ordres créateurs. Il formerait le réceptacle de tous les esprits vierges ou monades qui après la destruction d'un univers attendent une nouvelle manifestation créatrice de la divinité, la reprise d'une nouvelle création où ils trouveront leur place et leur rôle à tenir dans l'évolution future.

Annexe II

LES SÉPHIROTH

Après les généralités sur l'Arbre de Vie étudiées au chapitre III, nous pouvons examiner maintenant plus en détail ces séphiroth qui forment une des bases de la cabale hébraïque.

Kether

Située au sommet de l'Arbre sur le pilier de l'Equilibre, Kether n'a au-dessus ou derrière elle que les trois voiles de l'Existence Négative qui sont les masques des réalités transcendantes :

Aïn, la négation
Aïn-Soph, l'illimité
Aïn-Soph-Aur, la lumière sans limite.

Kether nous représente la première cristallisation de l'Illimité. Sur sa racine, l'esprit humain ne peut rien concevoir. Si l'on pouvait y atteindre, la pensée elle-même disparaîtrait car on atteindrait le monde sans forme. C'est l'existence latente, séparée par un seul degré du Non-Etre. La seule approche possible de cette sphère est l'étude de Binah et de Chochmach, sa différenciation. Kether est l'unité absolument transcendante. Ce n'est pas une entité mais un état où la substance est absolument inerte. Notre esprit ne comprenant que des idées de force, forme et activité ne peut concevoir cette inertie primordiale. Pour méditer sur Kether on peut imaginer la pure lumière blanche, aveuglante, non différenciée; ou bien l'obscurité profonde des espaces interplanétaires.

On ne peut définir Kether, mais seulement y faire allusion. En Cabale on l'appelle « la Couronne » et non la tête car elle est hors de notre cosmos, non en lui, comme le lotus aux mille pétales du chakra coronal dont nous parlons dans notre étude sur l'homme. Kether est aussi « l'Abîme » d'où tout est sorti et où tout retourne; mais ce n'est pas le néant car c'est la Vie à son degré le plus intense puisqu'elle n'est limitée par aucune forme si subtile soit-elle. Dans le Sepher Yetzirah un des principaux livres sacrés hébraïques, Kether est nommée : l'Intelligence cachée, la Lumière occulte, l'Ancien des Jours.

Notons ici que le glyphe de l'Arbre de Vie peut se partager par trois lignes transversales, déterminant les quatre mondes successifs par lesquels la Vie Une descend dans la matière et que nous pouvons schématiser dans le tableau suivant :

Mondes	*Plans*	*Manifestations divines*
AZILUTH	Divin Archétypal	Dieu seul
BRIAH	Mental Créateur	Archanges
YETZIRAH	Psychique Formateur	Anges
ASIAH	Physique Matériel	Planètes

Signalons que pour celui qui désire entreprendre un transfert de conscience sur une des séphiroth par la voie de la méditation ou une opération théurgique ou magique sur un de ces plans, il doit commencer par l'invocation du nom de pouvoir dans le monde où il veut agir. Chaque sphère dans chacun des quatre mondes a un nom divin ou de pouvoir : 1° le nom divin; 2° le nom de l'archange de la sphère, force et intelligence conscientes du but à atteindre ; 3° le nom de la classe d'êtres ou chœurs des anges régissant les forces naturelles ; 4° enfin la planète de la sphère ou chakra mondial. Remarquons que chaque sphère a une vertu : son idéal, mais aussi un vice : l'excès de ses qualités.

C'est ainsi que, pour en revenir à Kether, cette sphère dans le monde Aziluth est dans son essence première et le nom divin est EHEIEH. Son image magique est un vieux roi barbu de profil à droite qui est son aspect reflété dans la forme. En Binah le nom de l'archange est Métatron, celui qui fut l'instructeur de Moïse. En Yetzirah, les anges sont les Séraphins, ceux de la vision d'Ezechiel, les quatre esprits devant le trône, la racine des quatre éléments primordiaux, symbolisés par les quatre As du Tarot. En Asiah enfin Kether correspond aux premiers tourbillons de la manifestation. Rappelons que l'essence de l'esprit pur est au-dessus de nous et non en nous ; on ne peut donc atteindre le monde Aziluth et revenir dans notre conscience terrestre, question de vibrations.

Chochmach

Symboliquement on peut dire que Kether est le point qui en se déplaçant forme la ligne : Chochmach est la ligne. L'énergie qui s'y déploie est essentiellement dynamique. Cette sphère n'est pas organisatrice comme Binah : c'est le grand stimulant de l'Univers. C'est un canal pour le passage de la Force. Dans ces deux sphères nous avons les archétypes du positif et du négatif. Cette paire d'opposés primordiaux domine les piliers de l'Arbre de Vie de l'univers entre lesquels est tissée la trame de la vie. Le pilier de Miséricorde est mâle car le type de force dynamique : la Force, est mâle. Le pilier de sévérité est féminin car la force féminine est constructive de la Forme qui est donc une chose limitée et périssable. Chaque forme construite doit être détruite tandis que la Force subsiste.

L'image magique de Chochmach est un homme barbu : le Père qui a fait usage de son pouvoir. Ses symboles les plus courants sont le Phallus, la Tour, la Pierre Levée, le Sceptre, néanmoins Chochmach n'a pas un caractère phallique mais dynamique.

Chaque entité humaine représente deux choses :

1° une personnalité individuelle;

2° une cellule d'un autre ordre (de l'Univers), l'espèce humaine qui naquit avec le premier homme et mourra avec le dernier, c'est l'Adam cosmique. C'est le même œuf qui se fractionne depuis le début de l'humanité. Nous sommes donc frères et sœurs de nos parents et de nos enfants. La chasteté n'est pas à conseiller si elle n'est pas suffisamment dérivée sur le plan spirituel. Ce qu'il faut c'est la maîtrise complète de soi. L'ascétisme doit être exceptionnel et ne doit servir que pour un but exceptionnel, sinon il risque de tarir une source importante de force utilisable sur les divers plans et provoquer des refoulements. Remarquons que la force sexuelle, un des aspects inférieurs du dynamisme de Chochmach, peut être sublimée en remontant le parcours de l'éclair fulgurant unissant tous les séphiroth. C'est ainsi que si en Malkuth elle est une affaire de matrice, d'ovule et de spermatozoïdes, en Yesod elle devient courant magnétique puis se transforme en Hod en image visuelle. Avec Netzah nous arrivons à un magnétisme subtil correspondant à notre « sex-appeal ». En atteignant Tipheret enfin, cette force donne l'illumination spirituelle dont l'aspect positif sera l'inspiration dyonisiaque et le négatif l'Amour impersonnel du Christ.

Les noms divins de Chochmach dans les quatre mondes sont :

— en Aziluth : Jéhovah, sa couleur est le bleu;
— en Briah : l'archange Radziel, couleur : le gris;
— en Yetzirah : les douze Chérubins, couleur : gris perle;
— en Asiah : les douze signes du Zodiaque; couleur : blanc tacheté de violet, de rouge et de bleu.

Notons enfin qu'un symbole gnostique de Chochmach est « la robe intérieure de gloire » s'opposant à « la robe extérieure de dissimulation » attribuée à Binah dont nous allons parler maintenant.

Binah

Binah est la puissance féminine de l'Univers. La force de Chochmach ne se meut pas en ligne droite mais suivant une courbe immense et revient à son point de départ. Il se forme ainsi un réseau entrelacé, comme celui qui entoure l'omphalos de Delphes, et qui est la « Trame de Vie ». C'est dans ce réseau que nous trouvons la puissance de Binah partout où il y a cristallisation d'une forme quelconque. Tout ce qui a une forme si subtile soit-elle est l'œuvre de Binah. L'atome physique est une manifestation de son action. Dans la mythologie grecque elle est représentée par Chronos, le Temps, et à Rome par Saturne. Elle est la matrice archétypale de la vie manifestée. La Vie enfermée dans une forme est bien moins libre qu'étant illimitée; la forme de Binah discipline donc la force de Chochmach avec rigueur (d'où le nom donné à son pilier) et sans merci. Comparée à Chochmach, Binah représente la mort. Saturne du reste était lui-même une divinité ambivalente : représenté avec le thyrse il symbolise la vie originelle, avec la faux : la mort. Binah a aussi été assimilée à la Vierge, la racine de la matière car elle demeure au-delà de toute substance manifestée dont elle est la mère tout en demeurant toujours vierge.

Son image magique est une matrone, c'est-à-dire, comme pour Chochmach un être mûr qui a engendré. Elle représente donc la polarité féminine sous son aspect créateur, de même que la femme est toute-puissante pour la procréation mais demeure inerte tant qu'elle ne reçoit pas la force mâle.

Dans l'homme Binah correspond au côté droit du visage. La vertu de cette sphère est le Silence et son vice est l'avarice. En effet, le silence provoque l'état de réceptivité. Suivant l'aspect où on l'envisage, Binah a différents symboles qui sont : la coupe, le calice, le yoni ou bien la faux, le sablier, le corbeau, ce dernier représentant aussi dans les mythologies la sagesse divine. Le sablier, lui, est un symbole très ancien que l'on retrouve dans le temple d'Horus en Egypte. Son cône supérieur rouge indique le ciel, le cône inférieur bleu : la terre et leur point de jonction c'est Binah, le pont qui les réunit. De même dans le microcosme, ces cônes sont respectivement l'homme céleste (ou les bras) et l'homme incarné (ou les jambes) réunissables par un pont spirituel émané de la sagesse divine.

Les noms divins de Binah dans les quatre mondes sont :

— en Aziluth : Jéhovah Elohim, sa couleur : le pourpre;
— en Briah : l'archange Zatphiel ou Orphiel, couleur : le noir;
— en Yetzirah : les Trônes ou Aralim, couleur : bleu foncé;
— en Asiah : la planète Saturne, couleur : gris fer.

Daath

Daath est une sphère invisible placée au seuil de l'abîme. Cette quatrième sphère essaya comme les trois supérieures de recevoir l'influx de la lumière divine, mais n'étant pas assez résistante pour contenir cette lumière, se brisa et le choc destructeur s'est répercuté dans les six émanations suivantes. L'ésotérisme judaïque appelle cet événement « le Brisement des vases » ou « la chute des Rois d'Edom ». Les Rois représentent dans la Cabale les mondes qui n'ont pas pu se réaliser, car leurs formes n'étaient pas au point et furent brisés par la lumière qui s'y déversa. Ceci se rapporte aussi à la Chute dont parlent toutes les religions. Il s'agit d'une création antérieure de mondes qui ont précédé le nôtre et qui ont disparu parce que Dieu n'habitait pas en eux d'une manière constante. On les a appelée des étincelles en comparant Dieu au forgeron. Les parcelles de ces mondes qui ont subsisté formèrent, selon la cabale, les Esprits du mal et de la mort qui tombèrent alors dans les mondes inférieurs d'Asiah. Dans certains textes on les nomme « l'Ecorce » et l'on nous dit que les Rois d'Edom étaient au nombre de sept ce qui montrerait l'archétype du septenaire cher au démiurge lunaire inférieur.

Chesed

Le nom de Chesed signifie Miséricorde ou Amour, mais le nom Gédulah qui lui est aussi donné signifie Grandeur et Magnificence. Entre les trois séphiroth de la splendeur et les suivantes, il y a un gouffre immense : l'abîme. Au-dessus le Macroprosope ou Grand Visage représenté par Kether ; au-dessous six séphiroth qui sont le Microprosope ou Petit Visage, synthétisé par Tipheret. Celui-ci est appelé le Roi Saint dont la Reine, l'épouse, la fiancée est Malkuth, la dernière sphère qui est la matière, le plan physique. Le Microprosope c'est l'union de Dieu et de l'homme, l'union du Microprosope et de la Reine, c'est l'union de l'esprit manifesté et de la matière.

Chesed représente Chochmach sur un arc inférieur. Cette sphère est émanée de Binah par l'éclair fulgurant, elle est le Père sous son aspect bienveillant et organisateur, c'est le Jupiter des Romains, le Zeus des Grecs. Elle balance par sa bienveillance la sévérité de Géburah (Mars) situé en face sur le pilier de la rigueur. Leurs images magiques précisent bien la différence : pour Chesed, un monarque assis sur son trône, et pour Géburah, un monarque debout sur son char, c'est-à-dire le législateur et le guerrier.

Chesed qui est la première séphir du Microprosope représente la concrétisation de l'abstrait ; nous sommes maintenant au quaternaire suivant le ternaire spirituel. Lorsque le Principe se formule dans notre entendement, nous opérons dans cette sphère. L'occultiste doit être capable d'atteindre cette sphère sinon il sera limité dans son œuvre. En effet s'il reste en Yesod, au plan de l'illusion, les images astrales qui se reflètent dans son subconscient sont pour lui des réalités, tandis qu'agissant en Chesed il peut voir les archétypes des idées. Dans cette sphère un rôle très grand est joué par les anges et les maîtres. Les premiers font passer dans le concret, sur le plan de Briah, les idées abstraites émanées du Logos. Quant aux maîtres, le point de contact entre eux et les hommes est situé en Hod (sphère de la magie cérémonielle), mais c'est en Chesed que s'élève la conscience de l'esprit en méditation. C'est là qu'il reçoit l'inspiration et rencontre les maîtres. Nous pouvons dire que Chesed correspond au plan christique ou bouddhique de l'Unité. Nous avons vu que son image magique est un puissant roi couronné assis sur un trône, cette position indiquant la stabilité, la bienveillance, la majesté et l'amour. Sa vertu est l'abondance et l'obéissance indiquant qu'il nous faut sacrifier notre égoïsme à l'amour du prochain. Ses vices sont de caractère social tels que : la bigoterie ou refus d'évoluer avec le temps, l'hypocrisie, absence de cœur à la vie collective, la gourmandise qui nous fait prendre plus que notre part, la tyrannie ou abus de l'autorité.

Les noms divins de Chesed dans les quatre mondes sont :

— en Aziluth : EL, couleur : violet foncé;
— en Briah : l'archange Zadkiel, couleur : bleu;
— en Yetzirah : les Chasmalins (ou Chérubins), couleur : pourpre sombre;
— en Asiah : la planète Jupiter, couleur : azur sombre.

Chesed correspond dans l'homme au bras gauche. Ses symboles sont : le chiffre quatre, le tétraèdre, la pyramide, la croix aux bras égaux, le globe terrestre, le sceptre, le bâton (domination).

Pour atteindre cette sphère, on peut méditer sur le très vieux symbole de la pierre. Celle-ci intermédiaire entre le Ciel et la Terre passait pour être descendue du ciel avec le feu. Elle fut considérée comme la demeure de Dieu (cf. les Béthyles). Il était dit que Mithra est né d'une pierre, qu'il s'unit avec une pierre pour engendrer son fils qui est aussi une pierre. Chez les Druides, les pierres vénérées étaient brutes, symbolisant celui qui n'a pas de forme. Jadis certaines pierres parlaient (Irlande) ou rendaient des oracles. La pierre a aussi un rôle purificateur; c'est ainsi que la Bible nous dit qu'un Séraphin purifia les lèvres d'Isaïe avec une pierre. La pierre est donc le symbole de la puissance centrale, la clef de voûte ou la pierre angulaire du monde. Jésus confirme le symbole en changeant le nom de

Céphas, lorsqu'il lui dit : « Tu es Pétrus, et in hanc petram, édificabo ecclesiam meam. »

Géburah

Cette séphir est aussi nommée DIN, la Justice et PECHAD, la Crainte. Certains cabalistes sont enclins à voir en Géburah l'aspect mauvais de l'Arbre de Vie puisque Mars est maléfique en astrologie. Nous ne devons cependant pas considérer Geburah comme l'Ennemi ou l'Adversaire car c'est aussi le Roi sur son char dont le bras est armé pour que justice soit faite. Considérant la position de Chesed et de Géburah, on dit souvent à tort que le Bien est constructif et le Mal négatif. C'est une erreur populaire. Dans les mystères et la philosophie nous apprenons que le bien et le mal ne sont pas des choses en soi, mais des conditions. Le mal est la résistance que la Nature offre à l'Esprit, c'est une force qui n'est pas à sa place, et que l'on peut déplacer dans le Temps ou dans l'Espace. Par exemple : un excès d'amour nous rend stupides, et un manque d'amour nous rend cruels.

Géburah, le seigneur de la crainte est aussi nécessaire que Chesed le seigneur de l'amour et que Netzah, la Dame de Beauté. Les initiations des trois maléfiques : Saturne, Mars, Lune, ne sont pas moins nécessaires à l'évolution de l'âme que celles des autres séphiroth, puisque l'énergie dynamique est aussi nécessaire que la douceur, la charité, la patience.

Géburah, c'est le chirurgien céleste et aussi le prêtre préposé aux sacrifices. Les sacrifices ne sont qu'une transmutation de forces, car chaque acte de sacrifice met en jeu une sorte de psychologie cosmique qui se développe sur le plan spirituel. Si cet acte est très net et sans aucun regret, il y a un afflux immense d'énergie psychique et c'est pourquoi Géburah est un aide puissant. Géburah c'est le courage et la résolution qui combat toutes les indulgences; combien de chutes nous seraient épargnées si cette sphère nous opérait à temps.

Dans la vie des individus, comme dans celle des nations nous voyons tour à tour l'influence de ces deux sphères. Il faut obtenir l'équilibre qui établit le rythme caractérisant l'existence comme un principe vital. Les cabalistes prétendent que la grande faiblesse du christianisme vient de ce qu'il ignore le rythme et qu'il oppose Dieu et le Diable au lieu de les unir. Le Dieu des chrétiens n'évolue pas avec sa création : il se livre à un seul acte créateur et se repose. Il ne peut pas comprendre que, parce qu'une chose paraît bonne à un moment donné, son contraire n'est pas nécessairement mauvais. Il exalte beaucoup les vertus passives comme la douceur, la pitié; l'amour (Chesed) mais pas assez les vertus dynamiques, les vertus du chef telles que courage, intégrité, justice (Géburah). Nous avons vu dans un ouvrage précédent que c'est dans ce sens que le symbolisme ancien et dynamique du Bélier a été transformé en celui passif de l'Agneau. Nous avons donc besoin du réalisme de Géburah pour balancer l'idéalisme de Chesed. Le puissant archange Kamael mène les Séraphins au combat, non pas avec rage mais avec ordre pour servir la volonté supérieure qui détruira le mal uniquement pour servir le bien. L'aspect destructeur de Géburah vient de ce que Binah enveloppe les forces de l'Esprit dans la forme et Géburah les libère en faisant éclater la forme par son énergie. Mais c'est seulement lorsque l'influence protectrice de Chesed est en repos que la force de Géburah est destructrice, sinon il y a équilibre. Géburah est la plus dynamique des séphiroth du Microprosope, mais aussi la plus disciplinée. Celui qui est un initié de Mars est un être très puissant, violent parfois mais toujours plein de contrôle de soi. Il est calme devant la provocation car il a franchi le seuil de Tipheret et a acquis l'équilibre. Il combat mais sans fureur. L'image magique avons-nous vu est un puissant guerrier sur son char, armé et couronné. Ses vertus sont la force et le courage; ses vices la cruauté et la destruction. Au point de vue magique, certaines figures géométriques s'appliquent aux planètes : c'est ainsi que le vieux Saturne a le triangle, l'harmonieux Jupiter : le carré; tandis que Mars a le pentagone formé par le triangle posé sur le carré. Cinq est en effet le chiffre de Mars et sur tous les autels de cette divinité doit figurer la forme pentagonale. La rose des Tudor qui a cinq pétales se rapporte aussi à Mars selon les règles du symbolisme initiatique de l'héraldique primitive. La rose étant la fleur de Vénus nous indique que Mars peut être vaincu par Vénus, comme le signalait déjà la mythologie grecque. C'est pour cette raison qu'en astrologie Mars est dit « en exil » lorsqu'il est placé dans le Taureau ou la Balance qui sont les domiciles de Vénus. Les symboles de Géburah sont : la lance, la verge, la chaîne, l'épée. Lui sont attribuées dans le monde végétal les plantes piquantes : ail, ortie, moutarde, chardon. Chez les animaux ce sont : le renard, le loup, le verrat, le taureau, le bélier. Dans les minéraux : le fer, le soufre, le rubis, la topaze.

Les noms divins de Géburah sont :

— en Aziluth : Elohim-Gabor, couleur : orange;
— en Briah : l'archange Khamael, couleur : rouge;
— en Yetzirah : les Séraphins (ou Serpents de Feu), couleur : écarlate;
— en Asiah : la planète Mars, couleur : rouge tacheté de noir.

Cette sphère dans le microcosme correspond au bras droit ou bras d'énergie. La méditation pour élever la conscience jusqu'à Géburah doit se faire sur le pentagone.

Tipheret

La qualité de cette sphère est la Beauté. C'est une séphir archétype et une des plus intéressantes. Par sa position, au centre du pilier central, c'est l'équilibre de l'Arbre tout entier. Ensuite c'est Kether sur un arc inférieur ou Yesod sur un arc supérieur. Elle est également la transmutation qui doit s'opérer entre les plans de la forme et ceux de la force.

Au point de vue de Kether, Tipheret est l'Enfant. Au point de vue de Malkuth, il est le Roi. Au point de vue transmutation des forces, il représente le Dieu sacrifié. Ce sont ces trois aspects qui donnèrent les trois images magiques de cette sphère.

Les six séphiroth dont Tipheret est le centre constituent

l'Adam Kadmon ou Homme Archétype. Parmi ceux que nous allons étudier plus loin : Netzah est en rapport avec la Nature, Hod avec la magie cérémonielle et le savoir occulte, Yésod représente le psychisme et le double éthérique. Tipheret, lui, représente le psychisme le plus élevé de l'individu. Il y a toujours en effet, en nous, deux sortes de psychisme : l'inférieur correspond au grand sympathique et dépendant de Yésod, et le supérieur relevant du cérébro-spinal et correspondant à Tipheret.

Les quatre séphiroth qui se trouvent en dessous de Tipheret, sur l'Arbre de vie, représentent la personnalité ou Moi. Les quatre situées au-dessus représentent l'Individualité ou Soi supérieur. Kether, lui, naturellement, représente la Monade, noyau de la manifestation qui reste sur un plan supérieur et ne s'incarne pas. Tipheret ne doit jamais être envisagée comme isolée mais comme un lien, un centre de transmission et de transmutation. Le pilier central représente la conscience, Tipheret est donc le lieu de l'Incarnation, c'est pour cela qu'on l'appelle l'Enfant. Comme l'incarnation implique nécessairement le sacrifice, tous les dieux sont de Tipheret. C'est aussi le centre du dieu enivré, celui qui donne l'Illumination, Dyonisos aussi bien qu'Osiris. Quand ce mode de conscience nous illumine, nous sommes parfois étourdis, mais si bref soit-il, cet éclair suffit à nous convaincre de sa réalité. C'est là que l'Arbre devient si utile car il permet à ce qui est transcendant de s'exprimer par un symbole qui à son tour peut être traduit par un terme métaphysique. C'est ce symbole qui relie le spirituel au psychisme.

La seconde triade de l'Arbre, émanée de la première triade composée des trois séphiroth supérieures, forme l'Individualité évolutive. C'est celle qui condense les expériences faites.

La conscience cérébrale n'appartient qu'à Malkuth, et aussi longtemps que nous sommes emprisonnés dans son véhicule matériel, c'est la seule dont nous disposons. Mais cependant les portes ne sont pas rigoureusement closes; elles nous permettent parfois d'apercevoir Yésod, le plan astral ou psychique inférieur. De là par un effort de méditation nous pouvons élever notre conscience plus haut et rejoindre

Tipheret. C'est là que se trouve la véritable clairvoyance, celle dont nous sommes le maître et non le jouet comme sur l'astral. Mais chose curieuse, cette clairvoyance supérieure ne comporte ni audition, ni vision, mais une véritable union avec l'objet observé. La conscience vraiment supérieure n'est jamais psychique mais intuitive. C'est cette absence d'image qui avertit le méditant qu'il a atteint un niveau élevé.

Tipheret est aussi appelée « sphère du Soleil » car tous les dieux solaires sont des dieux sauveurs. Le soleil est le point central de notre existence et de celle du système solaire. Il est celui qui nous donne la vie, car c'est par sa médiation que la Vie parvient à la Terre, et c'est au moyen de la conscience de Tipheret que nous y puisons, que se soit consciemment ou inconsciemment. Nous ne réalisons pas assez le rôle capital de l'aspect spirituel de son influence dans notre économie psychique; or il y a dans l'âme humaine une figure tipherétique qui est en correspondance avec le plexus solaire. Si nous sommes empêchés de recevoir cette énergie, nous devenons déprimés comme une plante privée de soleil.

Tipheret par sa position sur l'Arbre est un foyer à double courant : du point de vue de la Force, elle est la Forme qui reçoit d'en haut; du point de vue de la Forme elle est la Force qui donne en bas.

Les noms divins de pouvoir de Tipheret sont :

— en Aziluth : Aloath-va-Daath, couleur : rose clair;
— en Briah : l'archange Raphaël, couleur : jaune;
— en Yetzirah : les Malachim, couleur : rose saumon;
— en Asiah : le Soleil, couleur : or ambré.

Notons que le nom de pouvoir n'agit pas sur les anges ou les démons, il agit sur le mage et lui permet selon sa conscience d'entrer en contact avec le plan de son choix. Il n'est pas suffisant du reste de connaître un nom de pouvoir, il faut savoir le faire vibrer. Quand on éprouve une certaine émotion opérative, la voix s'abaisse de plusieurs tons et devient résonnante : c'est cela qui constitue le ton vibratoire d'un nom. Cela ne peut être enseigné car c'est un phénomène instinctif : on devient « juste de voix ».

C'est une extraordinaire expérience d'entendre vibrer un nom de pouvoir et c'est encore plus surprenant de le faire vibrer soi-même. Cette justesse de voix est également indispensable pour toute opération liturgique et son absence rend l'opération sans effet réel.

Signalons enfin que la vertu de Tipheret est la Dévotion et que son vice est l'orgueil. Les symboles assignés à Tipheret sont : la rose-croix, la croix du calvaire, le cube et la pyramide tronquée. Le cube a été choisi parce qu'il a six faces et que le six est le nombre de cette sphère : quant à la rose-croix elle est ici figurée par un cercle placé au centre d'une croix élevée sur trois marches. Le cercle est l'emblème de la Vie éternelle, de la Sagesse, et les marches rappellent les trois degrés de l'illumination.

Netzah

Cette sphère signifie : Victoire, Fermeté, Splendeur. Elle fait partie des quatre séphiroth inférieures qui appartiennent au plan de la Forme. A partir de là, la force ne se montre plus librement et ne sera libérée que par l'œuvre de l'évolution. Plus nous allons descendre sur le sentier de l'Involution, plus nous verrons que le principe de cohésion joue un rôle prépondérant jusqu'à Malkuth. La grande marée de vie, le grand élan vital issu de Tipheret se brise en Netzah comme sur un prisme et sa couleur blanche se différencie en sept rayons. En Hod ces divers rayons se revêtent d'une forme, en Yesod ils agissent sur les moules éthériques et en Malkuth ils prennent forme physiquement. Netzah contient les instincts et toutes les émotions qui en découlent, tandis que Hod correspond au mental concret. En Netzah la force est encore relativement libre, et n'est arrêtée que par des contours très fluides. C'est en Hod qu'elle revêt des contours durables. La lumière blanche brisée par Netzah étant devenue la Splendeur aux multiples rayons, nous n'avons plus « la Vie » mais « des vies ». Un être qui se développe en Netzah ne peut avoir un complet développement car les Elohim (les anges de cette sphère) ne sont pas tant des Intelligences que des Idées revêtues de formes. Ils sont des influences formatives par lesquelles la force qui crée s'exprime dans la Nature.

Tout ce que l'imagination humaine a pu concevoir possède sur ce plan une forme revêtue de lumière astrale. Jadis les cultes de forces de la nature ont créé des images très définies et puissantes en formes-pensées. Quand on leur a offert des sacrifices elles sont descendues et devenues visibles en Yesod où elles devinrent des agents magiques très puissants quand l'influence de Hod se faisait sentir car il donnait une âme concrète à ces formes. Tout être céleste qui est conçu dans l'esprit de l'homme représente donc une force qui en quelque sorte en est l'âme et possède une puissance réelle et active. Telle est la clé de toutes les magies talismaniques.

Il est impossible de séparer les activités de Netzah et de Hod qui sont une paire fonctionnelle. Toutes les opérations magiques de Hod ont pour base les formes invoquées en Netzah. On évoque Netzah par la danse, les couleurs, les sons et les arts en général.

Du point de vue de la personnalité, nous pouvons dire que Tipheret représente la conscience supérieure, Netzah les instincts, Hod l'intelligence, Yesod l'éther constructeur et Malkuth les quatre éléments de la matière. L'intellect humain s'assimile facilement les idées de Malkuth et Hod car ce sont les aspects concrets de l'existence. Netzah, elle, possède non seulement l'influx descendant du plan supérieur mais aussi la force organisée qui par l'évolution remonte de Malkuth et qui devient capable d'entrer en contact avec la force essentielle. En Netzah il y a deux idées différentes : le pouvoir et la beauté. Son image magique est une très belle femme nue. Sa vertu est l'absence d'égoïsme, ses vices : l'abus de l'amour, l'impudeur, la luxure. Ses symboles comme pour Vénus sont la rose, la ceinture, la lampe. Dans le microcosme elle régit les reins, les hanches et les jambes, mais non les organes génitaux que ces parties encadrent. En effet Netzah représente l'Amour sur tous les plans mais non la fécondité. Pour bien comprendre Netzah dans le microcosme il faut se rappeler qu'elle est la séphir de Vénus. Si nous considérons la mythologie grecque nous voyons en effet que la Vénus Aphrodite n'est pas une déesse féconde; c'est celle de l'amour dans une conception bien plus étendue que celle des relations sexuelles. Celles-ci étaient réservées en principe à la femme légitime, peu instruite et qui dans le gynécée n'adorait que la déesse Mère. Aphrodite par contre est la déesse des hétaïres, femmes hautement cultivées, chez qui venaient les poètes et les philosophes pour aiguiser leur esprit ou trouver l'inspiration.

Notons que les anciens avaient trois conceptions de Vénus : la Vénus Uranie, agissant sur le plan spirituel et les réalisations artistiques; la Vénus Génitrix se rapportant à l'amour familial et enfin la Vénus Vulgaris relative à l'amour sexuel et aux unions passagères. C'est cette dernière, la plus inférieure, qui a été principalement retenue par l'Occident.

Les noms divins de Netzah sont :

— en Aziluth : Jéhovah Tzabaoth, couleur : ambre;
— en Briah : l'archange Haniel, couleur : émeraude;
— en Yetzirah : les Elohim, couleur : jaune-vert;
— en Asiah : la planète Vénus, couleur : olive semé d'or.

Hod

Cette sphère signifie Gloire et Splendeur de l'essence primordiale qui s'y manifeste. Diagonalement sur l'Arbre, Hod est une réflexion de Chesed et représente le principe coagulant. C'est une séphir de la forme. Le même processus se présentait pour Netzah en tant que réflexion de Géburah. La tradition nous dit qu'au stade d'évolution où l'humanité est arrivée actuellement, la conscience humaine a pu pénétrer dans les sphères de Netzah et de Hod (Vénus et Mercure) dont la nature cosmique s'est considérablement altérée sous cette influence. En effet la conscience humaine a normalement pour domaine Malkuth et les conditions de cette dernière se reflètent sous une forme très raréfiée en Hod et Netzah. Les autres séphiroth ne reçoivent que les influences supérieures tandis qu'à ce niveau il y a quelque chose qui monte du plan physique et qui trouble ces deux séphiroth.

Quand un être a atteint un certain développement de la volonté, il peut agir sur son milieu et le modifier. Lorsque l'homme entre en contact avec le plan psychique ou astral il y crée des formes, et la plupart des formes perçues sur ce plan ont été créées par la volonté imaginative de l'homme. La magie des nègres, et ce que l'on appelle la magie noire ne sont pas autre chose. Pour comprendre la philosophie de la magie en général il faut se rappeler qu'une séphir isolée ne peut pas être fonctionnelle. Il faut toujours une paire de séphiroth opposées d'où résulte un troisième terme qui, lui, est fonctionnel. Le triangle fonctionnel des séphiroth inférieures consiste en Netzah, Hod et Yesod qui est le fondement, la base. Hod est spécialement la sphère de la magie car c'est celle où apparaissent les formes. Quand le mage veut accomplir une opération, c'est son esprit qui fait apparaître les formes et c'est sa volonté qui les relie aux forces de Netzah; sans l'intervention de cette dernière il ne pourrait rien faire. Une volonté concentrée est nécessaire, mais l'imagination est essentielle.

C'est donc notre Vénus intérieure qui nous permet d'être perméables aux influences de Netzah et c'est le pouvoir créateur et imaginatif de notre esprit qui nous rend accessibles les forces de la sphère de Mercure (Hod). Nous ne pouvons travailler dans une sphère avant d'avoir franchi l'initiation de celle-ci qui nous en assure la maîtrise.

Les diverses initiations peuvent être conférées sur le plan physique au moyen d'un rituel, mais ce dernier peut être ou ne pas être efficace selon qu'il y a en nous le même élément. Autrement dit on ne peut rien vous donner que vous n'ayez déjà et vous ne pouvez employer que ce qui est en vous-même. Le rituel a seulement pour but de rendre conscient ce qui était subconscient et c'est dans la mesure où les capacités de notre conscience s'élèvent au-dessus de la sphère considérée qu'elles peuvent nous en donner la maîtrise.

Les noms divins de Hod sont :

— en Aziluth : Élohim-Sabaoth, couleur : violet pourpre;

— en Briah : l'archange Michel, couleur : rouge roux;

— en Yetzirah : les Beni-Élohim, couleur : orange;

— en Asiah : la planète Mercure, couleur : noir + jaune + blanc.

L'image magique de Hod est un hermaphrodite indiquant qu'il faut avoir une nature dynamique qui se manifeste en volonté (aspect positif) et de l'imagination (aspect négatif). Dans le nom divin Élohim-Sabaoth signifiant « dieu des Légions » Élohim est un symbole hermaphrodite car c'est un mot masculin avec un pluriel féminin. C'est le « Nous les dieux » de la Bible. Sabaoth veut dire légions ou armées. L'archange Michel dans l'iconographie chrétienne est représenté terrassant le dragon ou le serpent qu'il ne tue pas mais maîtrise. Ce serpent représente le Feu Serpent, la Kundalini des Indous, qui monte dans la colonne vertébrale, apportant finalement l'illumination de la conscience. L'initié devenu maître de Hod peut voir derrière l'illusion des choses, et devient un travailleur conscient pouvant aider à l'exécution du plan divin.

La vertu de Hod est la Véracité, Hod étant considéré sous l'aspect d'Hermès incarnant la suprême science et la connaissance. Son vice est le mensonge, rappel de Mercure dieu des menteurs, des voleurs et du commerce. Son symbole est le tablier semblable à celui utilisé dans certaines sociétés initiatiques et en franc-maçonnerie. C'était jadis le vêtement du candidat dans les mystères mineurs, comme ceux d'Agra par rapport aux grands mystères d'Éleusis. En Égypte le tablier cachait simplement les parties génitales ; il était très petit mais sa ceinture, autour de la taille était très large, marquant la séparation très nette entre l'homme spirituel et l'homme animal.

Yesod

Comme nous l'avons dit précédemment, Yesod c'est le Fondement. Cette sphère a deux symboles en apparence contradictoires ; d'une part c'est le fondement de l'Univers établi dans sa force, donc un symbole puissant, d'autre part c'est le symbole lunaire, essentiellement fluidique soumis à un flux et un reflux que dirige Gabriel l'archange de l'élément Eau et le régent de la Lune. Yesod est la sphère de la substance subtile nommée éther astral ou en Orient : l'Akasha. Cet éther primordial est la racine de l'éther des physiciens. On doit concevoir cette sphère comme le réceptacle des émanations de tous les séphiroth supérieures et comme leur unique transmetteur à Malkuth. C'est pourquoi Yesod est la sphère essentielle pour toute opération dont l'effet doit se produire sur le plan physique. Nous ignorons en somme la nature ultime de cet éther dont la plus importante propriété est la possibilité d'être moulé par l'esprit en formes-pensées.

Quand on quitte Malkuth pour atteindre Yesod, par le trente-deuxième sentier de la sagesse, on passe par la zone sublunaire ou sphère de la Grande Illusion (Maya en Orient) composée de l'éther réflecteur qui correspond à l'inconscient collectif de nos psychologues. Si la Lune a été séparée physiquement de la Terre, ces deux planètes ont toujours le même double éthérique dont la Lune est le pôle positif et la Terre le négatif. La lumière de la Lune est toujours la figure des activités éthériques de cette planète qui sont naturellement plus puissantes pendant la pleine lune. Pendant la lune descendante elles sont très dangereuses et l'on doit à ce moment s'abstenir de toute opération ou évocation séphirothique. Sur le plan médical on reconnaît du reste l'action du « coup de Lune » aussi néfaste sur le psychisme que celle du coup de soleil sur l'organisme physique.

Les symboles de Yesod sont les Sandales et les Parfums. Nous avons déjà exposé dans un autre ouvrage l'importance des sandales qui permettent le contact étroit du pied avec les courants telluriques et magnétiques, importance rappelée dans divers contes de fées et récits mythologiques. Quant aux parfums, ce sont les émanations éthéro-astrales des différents corps qui les produisent, assurant ainsi leur rapport avec Yesod et aidant ainsi la conscience à changer de plan. Son image magique est « un superbe homme nu très puissant ». Sa vertu est l'Indépendance, son vice : la Paresse.

Les noms divins de Yesod dans les quatre mondes sont :

— en Aziluth : Shaddaï-el-Chaï, couleur : indigo ;
— en Briah : l'archange Gabriel, couleur : violet ;
— en Yetzirah : les Kéroubim, couleur : pourpre sombre ;
— en Asiah : la LUNE, couleur : citron.

Malkuth

Malkuth est la Mère inférieure par rapport à Binah, la Mère supérieure. Cette séphir ne participe à aucun des triangles fonctionnels ; elle est isolée mais reçoit les émanations de toutes les autres. Les quatre éléments qui la composent sont le résultat final de toutes les activités de l'Arbre de Vie. Malkuth représente le nadir de l'évolution par où toutes les formes de conscience doivent passer avant de remonter à la source. C'est la sphère de la Terre, non seulement de la matière terrestre mais de l'âme de la Terre ou matière psychique qui donne lieu à tous les phénomènes.

Nous avons vu que Yesod était le principe qui donne la forme, et toute forme construite dans sa sphère tendra à prendre corps dans celle de Malkuth. Lorsque l'Eclair Fulgurant ou courant de vie, descendant depuis Kether, atteint son terme en Malkuth, il est remplacé par le Serpent de Sagesse dont la tête doit revenir en Kether. Actuellement la science commence à dépasser le domaine de la matière, tient compte du psychisme, du magnétisme et découvre certains éléments plus subtils que l'atome du plan physique, rejoignant ainsi, lentement, les connaissances et les enseignements occultes traditionnels. Tout n'étant que vibrations, comme le disait déjà Hermès Trismégiste, nos quatre éléments : Feu, Terre, Air, Eau, auxquels l'Orient ajoute un cinquième : l'Éther, sont produits par des variations dans la fréquence des vibrations initiales. La vibration étant différente, la forme change. Tout le long de l'Arbre, c'est lorsque les paires d'opposées ont établi un équilibre que le résultat final se fait sentir en Malkuth et c'est par elle que s'établissent l'équilibre, le rythme et l'harmonie : Malkuth est le champ de bataille, celui de la manifestation où se heurtent les forces involutives avec celles naissantes de l'évolution individuelle et où l'inspiration qui monte de l'inconscient rencontre celle plus conditionnée venant du conscient.

L'image magique de Malkuth est une jeune femme voilée et couronnée. C'est l'Isis de la nature, représentée voilée car les forces spirituelles sont cachées. Binah était la Sombre Mère Stérile, Malkuth est la Brillante Mère Féconde. Sa vertu est la discrimination, ses vices : l'inertie et l'avarice.

Les symboles qui lui sont assignés sont : l'autel du double cube et la croix aux bras égaux représentant les quatre éléments. Ses noms divins sont :

— en Aziluth : Adonaï, couleur : jaune ;
— en Briah : l'archange Sandalphon, couleur : citron + olive + roux + noir ;
— en Yetzirah : les Ashim, couleur : *idem ;*
— en Asiah : la Terre, couleur : noir rayé de jaune.

Adonaï est le dieu manifesté dans la Nature, c'est l'aspect divin adoré dans les cultes et mystères de la Nature. Sandalphon est nommé l'archange sombre par opposition à Métatron l'archange lumineux de Kether. Les Ashim représentent la conscience naturelle de la matière, la conscience des atomes. Ce sont des vies ignées qui sans cesse font évoluer les formes. La correspondance de Malkuth dans le microcosme est l'anus pour indiquer que tout ce qui est corrompu doit être expulsé ; dans le macrocosme ce sont les sphères des Qliphots qui se trouvent à l'envers de chaque séphir. Les Qliphots sont des forces terribles auxquelles il est dangereux même de penser. Elles ne sont pas des facteurs indépendants du cosmos, mais représentent un aspect déséquilibré et donc destructif des séphiroth mêmes. Chaque séphir possède en effet un aspect positif et un aspect négatif ; nous ne devons donc jamais évoquer aucune force d'une séphir déterminée sans être prêts à en recevoir l'aspect négatif, d'où la nécessaire maîtrise totale du plan sur lequel on désire opérer.

Annexe III

LES SIGNES ZODIACAUX

Comme nous le disions dans le chapitre V, nous allons maintenant examiner successivement, dans le sens de la précession des équinoxes, les signes composant le zodiaque, en commençant par la Vierge : la matrice de l'Univers.

La Vierge

La Vierge est une personnification de la Sagesse Primordiale. A cette époque avaient lieu les fêtes de Déméter (travail de la terre), celles de la moisson et de la Purification. La Vierge correspond à Isis, Cérès, Cybèle, et à la matière atomique qui attend la fécondation du Saint-Esprit. Mercure a son domicile nocturne dans la Vierge qui est un signe de Terre. Les ailes de Mercure indiquent les facultés turbulentes, l'intelligence, mais aussi l'impudence. Sur le plan physique ce signe régit les entrailles et les maladies intestinales.

La Vierge est le principe féminin qui domine sur les Eaux Supérieures. Cette constellation renferme une étoile de première grandeur nommée l'Épi. Or dans la Cabale, l'Épi représente la fonction assimilatrice et c'est aussi en hébreux un mot de passage dans certaines initiations. Les natifs de la Vierge aiment les lectures scientifiques ; ils ont un caractère irritable, un sens critique excessif. La Vierge symbolise la chasteté et est un signe de contrainte et de devoir. Il est peu favorable au mariage.

Le Lion

Le luminaire domicilié dans le Lion est le Soleil qui symbolise la Force active. Le Lion représente un des régents de l'Absolu : c'est le Père, le fécondateur de la matrice du Cancer. L'homme reçoit l'Esprit du Lion, l'Ame de la Vierge et le Corps du Cancer. Le soleil correspond au point de vue initiatique à l'épreuve du Feu et sur le plan physique au cœur de l'homme. Autrefois dans les sacrifices au Soleil par exemple chez les Aztèques, on offrait au dieu seulement le cœur de la victime dont on ouvrait la poitrine avec un couteau de pierre dure.

Le Lion, signe solaire correspond ainsi à Apollon, à l'œil de Râ chez les Egyptiens, et à Tipheret dans la Cabale. Les Indous nomment le cœur : la citadelle de Brahma et la chambre secrète où l'on entend la voix du Silence.

Les natifs du Lion pensent à la dignité et ont l'autorité innée. Généreux, très magnétiques, ils ont confiance en eux et sont idéalistes jusqu'à l'utopie tout en recherchant l'harmonie. Le maître du Lion sous forme d'Apollon est représenté sur un char traîné par sept chevaux représentant les sept rayons émis et que nous distribuent les sept planètes sacrées. Il porte une couronne d'or à douze pointes rappelant les douze maisons du zodiaque. Le soleil se dirige vers la constellation d'Hercule. La Terre le suit en tournant autour de lui, ce qui lui fait décrire une spirale, symbole de l'évolution.

Son influence revêt trois aspects : chaleur, lumière et énergie spirituelle. Nos auras individuelles se combinent avec les radiations cosmiques et les influx stellaires où l'influence du maître du Lion est prépondérante car il agit sur l'égo et la mentalité. Rappelons que si Mercure (Vierge) est l'âme de la tête, le soleil (Lion) est celle du cœur et la Lune (Cancer) celle du ventre dans le microcosme.

Dans l'homme ce signe donne la vitalité et les forces de croissance sur les trois plans.

Le Cancer

La Lune est domiciliée dans le Cancer qui symbolise la maternité, l'attachement à la vie. Le soleil dans ce signe marche de côté comme le crabe ou l'écrevisse, comme l'indique la carte 18 du tarot comportant l'image de la Lune et de l'écrevisse. C'est un signe d'eau qui est cardinal, fécond, négatif et féminin. Les natifs ont une grande sensibilité, l'amour de la famille et un grand appétit de savoir. Ils adorent l'eau et préfèrent la mer à la montagne. Ce signe prédispose à l'occultisme, à la musique, à la littérature.

Le Cancer est la matrice où les corps physiques se forment sur le double éthérique créé dans la Vierge. Cette période est celle où l'esprit est le plus compréhensif ; la réceptivité s'y développe. La Lune y domine le monde sublunaire ; elle est la matrice astrale de toute production terrestre dont le soleil est le père. On peut considérer les satellites d'une planète comme ses ganglions. Tout ce qui y rentre ou en sort passe par eux. Tel est le cas de la Lune pour la Terre : les âmes à naître ou mourantes passent par la Lune, comme le disait déjà Plutarque. Notons que le magnétisme de la Lune est opposé à celui du soleil et qu'elle régit les organes internes par l'intermédiaire du Grand Sympathique et les corps éthériques au moyen de la lumière astrale. La Lune est l'imagination de la Nature ; elle reçoit l'influence des astres et nous l'envoie modifiée ; comme le montre l'Arbre de Vie où elle est figurée par la séphir Yesod. La Lune marche très vite autour du zodiaque comme la Diane Chasseresse. Sous le nom de Phoebée c'est la lune sidérale sœur de Phoebus le soleil. Montante, elle est bénéfique, descendante, elle vampirise. Quand elle est Artémis coiffée du croissant lunaire, c'est la vierge farouche, tandis que sous le nom d'Hécate c'est la lune sorcière, celle des avortements. La Triple Hécate enfin n'est invoquée qu'en goëtie, magie noire qui s'exécute la nuit autour des tombeaux dans le but de nuire, et qui s'oppose à la théurgie ou magie blanche pratiquée dans un but altruiste.

Les Gémeaux

Signe d'Air et domicile diurne de Mercure, les Gémeaux sont le signe de la polarité et de la vibration qui constituent la vie. Il correspond au souffle, à la respiration, au premier cri de l'enfant. Dans le sens de la précession les jumeaux sont Castor et Pollux, la raison intellectuelle et l'énergie symbolisées respectivement par la lyre et la massue. Les Gémeaux symbolisent surtout la dualité : raison et intuition. Les natifs fournissent toujours un travail intellectuel avec des qualités d'assimilation, d'adaptabilité et le désir de progresser. Ce sont des esprits doués, aptes à toutes professions. Cette dualité provoque parfois l'agitation et la nervosité. Elle amène une vie indépendante, mais si l'on saute d'une polarité à l'autre, de la raison à l'intuition, cela provoque des changements irraisonnés et c'est pourquoi dans le zodiaque indou, ce signe est représenté par un singe. C'est un signe mutable, positif, double et hermaphrodite qui dans le tarot correspond à la septième lame : le Chariot.

Le Taureau

C'est un signe de Terre gouverné par Vénus dont il est le domicile diurne. On dit aussi que c'est l'Œuf du monde dont la semence est recueillie par la Lune qui y est en exaltation et dont le croissant dominant l'œuf représente les cornes du taureau. Cet œuf a sept couches contenant tous les germes des mondes passés; c'est pourquoi en astrologie courante il représente la richesse, les biens acquis. C'est le signe le plus matériel du zodiaque; il correspond à l'enfant tout petit qui grandit par l'effet des forces élémentales et qui croit que tout lui appartient. Nous avons là le début de la formation de l'ego, du moi, car le Taureau incarne le sens de la possession.

Dans le symbolisme le Taureau représente la fécondité et la force procréatrice. Son Génie est représenté par Aphrodite coiffée de deux cornes comme Isis, et en Egypte c'est le Taureau Apis. Nous avons vu que ce signe est le domicile diurne de Vénus qui apporte aux hommes harmonie, beauté, amour. Cette déesse, ésotériquement de Feu, est née dans l'eau, a vécu sur la terre puis est montée au ciel. Ces influences passent par trois étapes :

1° *autrefois* — Pendant la descente de l'esprit dans la matière ; la procréation était simplement une fonction physiologique et l'harmonie existait.

2° *maintenant* — L'amour possède deux polarités, deux sexes s'opposent à travers l'attrait charnel où jouent également le psychique et le mental. Il n'y a plus d'harmonie mais sacrifice et peine.

3° *dans l'avenir* — L'amour deviendra céleste dans une harmonie supérieure retrouvée.

Le Bélier

Signe de Feu correspondant à la cinquième lame du tarot : le Pape représente le sacrifice, le Printemps, et ses cornes symbolisent la spirale évolutive. En mysticisme, le Bélier est Agni le dieu du feu ; en ésotérisme il est le Loup consacré à Mars (domicilié dans ce signe) car c'est un animal régulier, discipliné, vivant en clan, brutal mais loyal. Signe de feu avons-nous dit, le Bélier symbolise le rut procréateur. Symboliquement en effet, le glyphe du feu, un triangle, représente le Père ; si nous plaçons sous ce triangle la croix représentant le Fils nous obtenons le signe alchimique du Soufre qui est le feu intérieur contenu dans le germe qui provoque la procréation. En maçonnerie le Bélier est assimilé à une des colonnes de la porte, celle qui est rouge : Hiakim symbole du feu vital.

Le nom indou de ce signe est « Mécha » : celui qui n'a pas de naissance car il représente la Cause qui existe par soi-même. Il sort de l'Océan des Poissons et marque l'aurore de tous les cycles, cette aurore, image de Vénus, qui est exaltée dans les Poissons. Pâques, comme toutes les fêtes du

Printemps a lieu pendant que le Soleil est dans le signe du Bélier. Signe positif, cardinal et violent à cause de Mars. Les natifs ont une volonté active et ne se soumettent jamais. Très courageux, leurs caractéristiques sont : l'initiative, la générosité, une grande confiance en soi, un caractère jeune et dynamique mais un manque de persévérance, joint à l'amour de la vie et le besoin d'en jouir.

Les Poissons

Signe d'eau et domicile de Neptune et Jupiter, les Poissons symbolisent l'eau sous toutes ses formes : l'Océan primordial, la Substance vierge, le Chaos existant avant la création du monde. Il correspond au plan psychique que traverse l'âme avant la naissance. On le nomme souvent l' « Enfer du zodiaque », car il représente une fin de cycle. Il donne aux natifs de l'imagination, de l'inspiration et une tendance au mysticisme; parfois aussi, si Neptune est mal aspecté à l'abus des boissons ou même de la drogue.

Les Poissons célestes sont les enfants du dieu chaldéen Oannès ou Ea qui prit la forme d'un poisson pour instruire les babyloniens. C'est un signe très occulte, signe passif de Jupiter, mais surtout domaine de Neptune ce qui en astrologie courante indique des chagrins, inimitiés et prison avec en contrepartie un esprit vif, de l'éloquence, de la sensibilité. Jupiter soumet les forces à un rythme, il ne détruit pas mais utilise autrement celles qui lui résistent. Son influence corrige beaucoup l'effet de Neptune dans les Poissons.

Le Verseau

Signe d'air où nous nous trouvons actuellement et domicile diurne de Saturne et d'Uranus, le Verseau est masculin, positif, fixe. Signe de beauté, il symbolise la fraternité, la coopération ainsi que les idées avancées et toutes choses nouvelles. Le christianisme a commencé dans les Poissons dont l'image servait de signe de reconnaissance; en arrivant dans le Verseau il devient moins dogmatique et fait de plus en plus de concessions. Le Verseau est le signe des masses, des démagogues, de la Radio, de l'aviation, toutes choses utilisant les ondes symbolisées par l'homme versant le contenu de l'amphore.

Ce signe donne une tendance à briser les traditions et à la jeunesse beaucoup d'idées souvent même hasardeuses.

Sur la lame correspondante du tarot, un archange impassible transvase l'or et l'argent d'un vase dans l'autre, montrant que l'individu périssable ne peut survivre qu'en plongeant dans l'Océan primordial des ondes formatives. Le Verseau représente en effet les Eaux Supérieures, les fluides dont le monde a été formé.

Il est, avons-nous dit, régit par Uranus et Saturne. Or la mythologie grecque nous apprend que Saturne fut détrôné et remplacé par son fils Jupiter comme l'indiquent les symboles astrologiques primitifs : pour Saturne, le croissant lunaire dominé par la croix de la matière, et pour Jupiter ce croissant dominant la croix.

Saturne est le Grand Archiviste, il est sévère mais juste : c'est la Loi, le Karma.

Le Capricorne

Signe de Terre et domicile nocturne de Saturne, le Capricorne est cardinal et violent. C'est un signe des plus puissants que l'on nomme « la Porte des Dieux ». Dans toutes les religions, tous les dieux solaires y naissent le 25 décembre. Dans les hymnes védiques on parle du « Jour des dieux » correspondant à notre Saint-Jean du 24 juin, et la « Nuit des dieux » à notre Noël du 25 décembre. Rappelons que cette date n'a été fixée pour les chrétiens que par Aurélien en 360 de notre ère car le 25 décembre était déjà à Rome la fête du Sol Invictis (le soleil invincible).

Remarquons que dans le calendrier chrétien, la gestation cosmique dure neuf signes : l'Annonciation a lieu dans le

Bélier et la Naissance au solstice d'hiver dans le Capricorne. Celui-ci est appelé aussi le « Portail de la Libération ». Les âmes arrivées à un certain degré sortent de la roue zodiacale par ce signe. Il y a un jugement : la chèvre saute hors de la roue avec les âmes libérées, tandis que les autres suivant la queue de poisson du capricorne retombent dans l'Océan des Poissons et recommencent le cycle au Bélier.

Dans le cosmos, cette terre saturnienne correspond à la matière première, à la substance primordiale. C'est la période qui était choisie pour les initiations car le néophyte pouvait plus facilement faire un pas décisif.

Les natifs du Capricorne se prétendent très indépendants, mais en réalité sont dépendants de la matière, de la famille, de la société, de la race et surtout ils craignent la solitude. Ils ont un esprit vif qui voit les points faibles d'autrui et le moyen d'en tirer parti. Ils ont l'esprit de méthode, la prudence et l'intégrité. Dans le zodiaque indou ce signe est nommé Makara, le Crocodile, symbole largement utilisé dans l'iconographie orientale (voir au Musée Guimet). Étymologiquement Makara correspond aussi au pentagone car Ma = cinq et Kara = main. Ce signe indique donc que l'Univers matériel platonicien qui est un dodécaèdre est borné par des pentagones.

Quand le soleil a passé le trentième degré du Capricorne sans se tourner vers les Poissons, alors la « nuit de Brahma » descend, comme disent les Indous, et c'est la fin du grand cycle de l'Univers. La moisson spirituelle de la création qui s'achève sort par ce signe. Les ratés, ceux qui n'ont pu atteindre dans cette création la Libération et la spiritualisation totale dont elle était le but seront désintégrés et leurs atomes attendront dans la terre primordiale, racine de la future substance d'un monde à venir, la création de celui-ci. C'est le Jour du Jugement avec un déluge symbolique balayant les insuccès mais toujours aussi une arche qui recueille les germes de vie et flotte sur l'Océan de Neptune dans les Poissons.

Le Sagittaire

Signe de feu et domicile nocturne de Jupiter, il est masculin, double et mutable. Dans la mythologie grecque c'est le Centaure Chéron, fils de Saturne (terre) et de Phylis (eau). Il fut le conseiller d'Héraclès (Hercule) et l'éducateur d'Achille et d'Esculape. Sa partie animale symbolise la partie inférieure de l'homme, son buste humain est le lien entre le spirituel et le matériel. Dans l'Arbre de Vie il correspond à Yesod, la neuvième séphir, et dans le Tarot à l'Ermite, sage et thaumaturge. Sur le plan intellectuel, il donne les qualités jupitériennes d'organisation et de discipline.

La Scorpion

Signe d'eau et domicile nocturne de Mars ainsi que de Pluton, il est en opposition avec le signe du Taureau où domine Vénus sa maîtresse dans la mythologie grecque. En symbolique, le Scorpion est assimilé au Serpent allégorique et vénusien qui tenta Ève. Signe initiatique, il correspond à la mort symbolique et à la nouvelle naissance. Associé à Vénus il donne l'amour charnel et c'est pourquoi en Egypte on disait que : « le candidat à l'initiation doit attendre que le faucon ait mangé le scorpion ». Horus, le dieu à tête de Faucon, gardait la porte du temple et aucun grade initiatique n'était pris avant quarante-neuf ans.

Le Scorpion marque l'époque des vendanges et des fêtes de Dyonisos, où le vin était utilisé comme stimulant intellectuel et spirituel, mais qui dégénénèrent en bacchanales dans la Rome matérialiste. Le signe est violent en raison des deux planètes régnantes.

L'eau du Scorpion n'est pas une eau pure comme celle du Cancer, mais une eau trouble qui fermente et commence à se corrompre, donnant le liquide dans lequel se prépare la Vie future.

La Balance

Domicile de Vénus, c'est un signe d'air, positif, masculin, mobile et cardinal. La Balance correspond à l'Humanité. Son plateau matériel penche vers le Scorpion, son plateau spirituel vers la Vierge, tandis que le fléau représente l'antakarana, le pont. C'est là que l'ego doit choisir, faire une sélection. Ce signe correspond au double mental, le concret et l'abstrait. On l'appelle aussi le « double dragon ». C'est le dernier signe avant la descente du Saint-Esprit dans la Vierge.

Il nous fait penser au binaire antique : Feu et Vent où le vent attise le feu qui sans lui se consumerait. Le Feu c'est le Bélier, gouverné par Mars, c'est le Printemps, la jeunesse, la possibilité de créer, tandis que le vent, le signe d'air de la Balance, dominée par Vénus, c'est l'automne, la maturité, la faculté de maintenir. Ce sont là les deux facteurs de la création universelle. Vénus dans la Balance représente la Vie ambiante.

Annexe IV

LES GNOSES

Nous avons vu au sujet de la création de l'Univers que les hommes avaient tenté d'en formuler une explication notamment avec le célèbre glyphe cabalistique de l'Arbre de Vie. Cette interprétation hébraïque sous la forme qui nous est parvenue ne daterait que du XIIIe siècle où elle fut composée par la communauté juive espagnole qui depuis le siècle précédent étudiait ces problèmes avec l'élite intellectuelle et religieuse du sud de la France, fondatrice du catharisme et héritière en bien des points des théories gnostiques des premiers siècles du christianisme.

Afin de nous faire une idée de l'évolution et des divergences qui ne manquèrent pas d'éclater entre les chercheurs de la Connaissance (Gnosis en grec) sur des points fondamentaux comme la création ou la manifestation du macrocosme et du microcosme, il paraît utile maintenant de jeter un regard sur ces conceptions diverses, désignées sous le nom de Gnoses.

A côté des religions officielles se sont développés des courants de recherches philosophiques, intellectuelles et ésotériques, surtout dans le foisonnement de pensées qui se produisit à Alexandrie, point de rencontre du christianisme, de l'Islam et du judaïsme. Toutefois on peut considérer qu'une première Gnose avait déjà pris naissance avec des adorateurs du Serpent dès la période pré-chrétienne.

En effet dès la sortie d'Egypte, la religion de Iavhé ne forme qu'un tout, un bloc monolithique. Puis avec le temps et au contact des philosophies étrangères, elle se fractionne en divers rameaux dont les principaux sont les Pharisiens, les Saducéens, les Esséniens.

I. — *Les Pharisiens,* dont le nom vient de « pharash » : la séparation, la division, admettent outre les livres de Moïse, un grand nombre de traditions qui furent ensuite recueillies par le Talmud. Ils croyaient aux anges, aux démons, à l'immortalité de l'âme et à la prédestination. Ils circonvenaient le libre arbitre dans des limites très étroites, et leur piété se manifestait par la pratique d'une minutie ostentatoire plus que par un réel amour de la vertu.

II. — *Les Saducéens,* dont le fondateur au troisième siècle avant J.-C. fut Sadoc. En partie matérialistes, ce sont les rationnalistes de la religion juive. Ils nient les anges, les démons et la nécessité des rites, n'en admettant pas le caractère symbolique. Ils nient aussi l'immortalité de l'âme et ne croient ni au ciel ni à l'enfer. Ils admettent le libre arbitre et la Providence mais ne servent Iaveh que dans l'espoir de récompenses purement terrestres. Leur doctrine ne comporte aucun ésotérisme et ils prennent la Bible mot à mot dans son sens littéral.

III. — *Les Esséniens.* Officiellement ils admettent le dogme d'une vie future avec ciel et enfer. Ils se divisent en deux groupes : les « Pratici » (agissants), vivant en communauté près de la Mer Noire, et les « Thérapeutes » vivant dans la solitude comme saint Jean-Baptiste. On trouve ces derniers jusqu'en Egypte et en Grèce. Ils portent une robe de lin blanc et suivent les règles pythagoriciennes, se livrent au travail manuel associé à la méditation et à la prière, étudiant notamment la médecine et la morale.

A côté du judaïsme orthodoxe, il existait en Israël et sur ses confins des sectes qui avaient organisé les éléments essentiels de ce qui sera la religion chrétienne, autour d'un dieu qu'ils nomment Jésus. Ces sectes semblent en rapport avec une religion répandue dans l'Asie Occidentale plusieurs siècles avant J.-C. : le Mandaïsme ou Adonaïsme. C'est une Gnose (car Manda se traduit par gnosis en grec) qui fut apportée par Ado, lequel serait l'Adonis solaire. Ces doctrines nombreuses n'ont qu'un axe doctrinal mais comportent de nombreuses sectes telles que les Ophites, le Naasséniens, les Esséniens et beaucoup d'autres comme les Héliognostiques, etc. Tous attendent l'Etre intermédiaire qui descendra du Ciel, dispersera les démons et conduira les âmes au Ciel.

Ce sont les sectes Mandaïtes à fond juif qui donnent le nom de Jésus ou Ieshu au dieu sauveur. Ieshu en hébreu signifie à la fois : feu, généalogie et filiation; leur dieu sauveur sera donc un Fils du Feu. Ces sectes gnostiques se développent dans les pays où existent des religions qui promettent le salut au nom d'un intercesseur divin comme :

Tammouz et Mardouck en Mésopotamie
Osiris en Egypte
Adonis et Melkart en Syrie
Attis en Phrygie

Ces sectes vénéraient le Dieu de Vérité, le Serpent du Jardin opposé au dieu organisateur de la matière, au démiurge inférieur assimilé à Iavéh. Certains groupes sont apparentés aux Esséniens. Un papyrus gnostique, antérieur au christianisme (Bibliothèque nationale Paris N° 74 supplément du fonds grec) contient des formules d'exorcisme dont : « Je t'adjure par le Jésus nazaréen » et plus loin : « Je t'adjure par le dieu des hébreux Jésus. »

Le nom d'Essénien est une contraction de Naassénien par suppression de Naash : le dieu Serpent. Dan le Sepher Bereschit (1er chapitre de la Genèse) Naas symbolise l'Elohim adversaire du créateur matériel et qui éveille l'intelligence chez l'homme. Pour les chrétiens, le serpent est le symbole de Lucifer dénommé Prince de l'Intelligence. En réalité il s'agit du « Principe » de l'intelligence, un des attributs de Vénus qui elle aussi sera surnommée Lucifer, le Porte-Lumière chez les Romains. Le Serpent d'airain de Moïse, pourtant farouche monothéiste, resta dans le Temple jusqu'à ce que le roi Ezéchias en 726 avant J.-C. le fît briser.

Après cette période pré-chrétienne, une période de gnosticisme très importante apparaît, celle qui nous touche de plus près.

La Gnose après le christianisme

Parmi le fourmillement des doctrines dans les premiers siècles, un ensemble se détache qui porte le nom de « Gnose ».

Certaines en Orient comme en Occident laisseront des traces jusqu'au XIIIe siècle.

Les écoles primitives, celles de Cérinthe et de Dosithée sont hostiles au christianisme ordinaire et sympathisent plutôt avec le judaïsme. Viennent ensuite celles de Simon de Samarie dit le Mage et de Ménandre, suivies par celles de Marcion et de Cerdon qui sont hostiles au judaïsme et favorables au christianisme.

Nous trouvons aussi les trois écoles de Syrie : celle de Saturnin d'Antioche, de Bardesane d'Exdèse et de Tatien.

En Égypte il y eut les trois écoles de Basilide, de Valentin et celle des Ophites attribuée à Euphrate de Péra. Viennent ensuite les Marcosiens, les Agapèthes et les Priscillianistes répandus en Espagne, au Portugal, dans le Midi de la France et à Lyon.

L'école des Ophites possède l'ensemble de la Gnose universellement enseignée et dont les grands thèmes sont les suivants :

« L'Etre infini source de tout est le Père invisible, incompréhensible, le Principe indéterminé, l'Abîme, Bitos. De l'Abîme sortent les êtres de moins en moins parfaits. Ils constituent deux mondes, l'un céleste et divin, empire du Bien, de la Lumière et de la Vie, l'autre inférieur, empire du Mal, des Ténèbres et de la Mort. Les premiers émanent de l'Etre infini, manifestations distinctes de ce qui est confondu dans l'Abîme. Cet être unique se décompose en plusieurs noms : les Éons, éternelles intelligences, dont l'ensemble avec lui forme le monde intelligible : le Plérôme. Nous trouvons là un certain rapport avec les Séphiroth. En effet les Éons sont classés en séries et vont par couple ou syzagies. Le moins parfait, le moins divin des Éons est celui qui produit et organise le monde inférieur; c'est le Démiurge, divin encore, déjà terrestre, lieu de rencontre des deux mondes.

Notre monde matériel manifesté n'est pas l'œuvre de Bitos, mais du Démiurge. C'est une œuvre imparfaite, indigne du Père et destinée à périr. Les âmes y sont prisonnières en conséquence d'une faute primitive.

La chute appelle le Rédempteur qui n'est pas le Démiurge

mais une des hautes puissances du Plérôme : l'Eon Christos. La pensée divine, le Verbe se fait homme pour éclairer l'homme et lui apprendre la route du retour à Dieu. C'est J.-C. l'Eon Christos, antagoniste du Démiurge et réformateur de son plan. Il n'est pas venu accomplir mais abolir l'ancienne loi, celle de Jéhovah le Démiurge. Parmi les hommes, les uns sont captivés par le monde matériel, ce sont les Hyliques. Ceux qui ne s'élèvent que jusqu'au Démiurge sont les Psychiques. Les autres qui aspirent au plan divin sont les Pneumatiques. Les premiers sont finalement détruits comme le monde auquel ils se sont voués. Les seconds n'obtiendront que les bienfaits temporaires du Démiurge. Seuls les Pneumatiques rentreront dans le sein de l'Eternel Plérôme, dans le monde des Eons, le royaume des Cieux selon les Ecritures.

L'école des Naasséniens a une doctrine un peu dégénérée. Elle tire son nom des mots hébreux : Naash, le Serpent, Naas le Temple, ou Naaos les Mystères sacrés. Ils prétendaient la tenir de Jacques frère de Jésus. Mais déjà leur serpent n'est plus qu'un effet de cabale phonétique jouant sur les trois mots indiqués plus haut. Leur fond doctrinal semble puisé en Assyric notamment le dogme des trois âmes universelles. Leur cosmogonie peut se résumer dans le tableau suivant :

Dieu	*Le Monde*	*L'Homme*
La cause principe	Macrocosme	Microcosme
Le Dieu inaccessible	Démiurge	La Création
L'Incréé	Le Créé	La Créature
L'Âme	Le Corps psychique	Le Corps physique
Le Soleil	La Lune	La Terre

Ophites et Naasséniens admettaient que l'Abîme avait enfanté l'Homme Cosmique. Celui-ci ensuite avait enfanté l'homme terrestre ou matériel. D'autres écoles ophites désignaient l'homme cosmique, ou démiurge de Pythagore et de Platon sous le nom d'Ophiomorphos, le Serpent Principe correspondant au Féta Hil des Sabbéens, au Ptah des Egyptiens, au Pharès Héphaïstos des Orphiques, à la Pan Psychée ou Ame Universelle des Pythagoriciens. L'autre Serpent était Ophis ou Génie de la Sagesse. C'était une répétition du premier, son reflet sur un plan inférieur, précipité sur terre, c'est-à-dire dans la matière par le Démiurge du système solaire, d'où le mythe de la chute de Lucifer. Ophis serait alors pour eux l'initiateur édénique.

Ecoles de Valentin et des Pérates. D'après eux, le Démiurge, fils de Sophia Achamoth, et organisateur du monde matériel, ayant créé l'homme, s'aperçut avec colère et effroi qu'il était doué d'une intelligence supérieure à la sienne parce que Sophia avait glissé en lui une étincelle divine. Pour l'empêcher au moins d'arriver à la Connaissance de Dieu, il lui défendit de manger du fruit de l'arbre de Science, et dans sa fureur il plongea ses regards vers la matière. Son image s'y réfléchit, s'anima et devint un être tout de malice et d'envie : Sathan le démon serpent. Sophia, la sagesse divine, irritée contre le démiurge se servit de la haine du serpent pour inciter l'homme à manger du fruit. Le démiurge alors précipita l'homme sur la terre, extrémité la plus basse du monde matériel et sphère inférieure du cosmos. Pitoyable, l'Absolu envoya J.-C. afin d'abolir le servage où Jaldabaoth, le démiurge tenait les hommes. Celui-ci se vengea en faisant périr Jésus, mais trop tard car la Rédemption était accomplie. Pour les Ophites de notre ère, le démiurge serait Jéhovah, le dieu choisi par Moïse, et un troisième serpent Ophiouchos prend la défense de l'homme contre le dieu du mal.

L'école Caïniste créée vers l'an 159 de notre ère, et dont les membres vénéraient Caïn comme le fils du Serpent et d'Ève, donc comme un demi-dieu fils des Élohim. Pour eux Caïn était la première victime d'Adonaï, après Adam. Une femme nommée Quintille créa une petite secte : les Quintillistes en Afrique du Nord.

Nous trouvons enfin les **Agathodémonites** dont le dieu

serpent est semblable à Cnouphi en Égypte ; c'est en réalité Hermès car Agathe désigne Mercure.

Il est intéressant de jeter également un regard sur d'autres doctrines dont le caractère ésotérique les rattache à la Gnose :

La doctrine Luciférienne. Pour elle Adam est le Démiurge, l'Atoum des Egyptiens. Il crée en émettant des paroles et nomme toutes choses. C'est ici que se pose le problème de Lucifer et de Satan. Remarquons tout d'abord que l'existence du démon n'est pas un article de foi car nulle décision ne semble avoir été prise ex cathedra ni Urbi et Orbi à ce sujet. Il en est du reste de même en ce qui concerne la Réincarnation ou plutôt l'Évolution des âmes, comme on dit au Vatican. Le Livre des Paraboles, l'Apocalypse de Noé et le Livre d'Énoch laissent supposer que les anges déchus par leur union avec les filles des hommes ne sont pas devenus les démons tentateurs. Ce rôle incombe à des êtres supérieurs : les Sathans (mot signifiant « en travers ») qui ne sont pas voués à l'Enfer comme les autres. Ils peuvent se présenter devant le Seigneur alors que les déchus ne le peuvent. Les Sathans existaient avant la chute des anges et seraient des créatures spéciales destinées par Dieu à servir d'agents d'épreuve pour les anges et les hommes. Logiquement Dieu est ainsi le créateur de ces épreuves et le créateur des Sathans est en même temps le créateur conscient du mal manifesté. Selon cette théorie, Dieu se manifeste donc sous deux aspects : dieu du Bien et dieu du Mal symbolisé par l'étoile à six pointes, le sceau de Salomon composé de deux triangles entrelacés pointe en haut et pointe en bas.

Dans la Genèse, Moïse parle bien d'une entité qui tente le couple. Il le nomme Naash, soit serpent, soit cuivre, symboles de Vénus dont un des noms est Lucifer, le Porte-Lumière. Le Livre d'Enoch (VIII) parle de l'union des anges et des filles des hommes qui donnèrent des génies ou demi-dieux d'une grande intelligence et apprirent aux hommes des secrets de la nature. Nous trouvons le même récit dans la Genèse (IV). L'initiation originelle a donc eu pour point de départ un acte d'amour symbolisé par Vénus-Lucifer. Mais le dieu de Moïse étant Iaveh, le serpent édénique qui est représenté sur nos cathédrales avec un buste de femme, sera qualifié de Harym, le malintentionné ou l'adversaire. C'est pourquoi dans le culte mosaïque de Iaveh on immolait entre autres victimes des colombes et des béliers, animaux vénuso-solaires donc de polarité opposée au Démiurge.

Parmi les divinités de type luciférien et illuminateur comme Mercure, Osiris, Hermès, Hélios, etc. nous trouvons Apollon Phoïbos qui incarne la beauté, l'éternelle jeunesse et enseigne aux hommes la prescience de l'avenir, les secrets du passé, la science des astres et de la médecine. Les symboles des divinités lucifériennes sont :

— le Pécher qui passe pour être la « pomme » du jardin d'Eden;
— le Cheval, symbole de l'affranchissement, de la libération;
— l'Aigle, symbole initiatique, illuminateur, porte-foudre de Jupiter;
— la Rose, fleur dédiée à Vénus;
— le Vert, couleur de Vénus, de l'espérance, de la régénération, de la nouvelle naissance;
— la Pomme qui coupée en deux présente le pentagramme symbolique;
— la Colombe et la Tourterelle, oiseaux dédiés à Vénus et au Saint-Esprit.

La doctrine Rosicrucienne. Dieu est à la fois Un et Trois. Eternellement engendré, éternel d'essence comme le Père, le Fils est donc identique au Père par consubstantiabilité d'essence. La Vierge Mère Eternelle est la Sagesse increéée, le Fils, le Verbe increé. La Vierge Mère, sagesse increéee est l'aspect concret du dieu initiatique. Le monde est en Dieu, mais Dieu n'est pas dans le monde. Le Dieu Un s'est retiré une partie de son essence pour que la Trinité soit éternelle aussi. Dieu ne saurait varier à cause de son éternelle perfection, donc le monde a éternellement existé en Dieu. Semblable au Père, le Fils devra créer à son tour éternellement. Il ne peut se retirer de son essence puisque le Père unique l'a déjà fait et que l'éternité égale la totalité. D'autre part il n'a pas d'épouse divine pour lui permettre de générer une quatrième hypostase. Il créera donc une image, un reflet de la Mère Eternelle qui sera la Nature Naturante, image inversée de la Nature Eternelle.

La Nature Naturante n'est pas éternelle mais le Fils la crée éternellement ; elle est donc éternellement variable. Le Fils devient donc Démiurge, Grand Architecte. Le produit sera l'Adam Kadmon dont l'étincelle divine et la nature inférieure cherchent à se séparer en Adam Protoplasme et Héva. Cet Adam Kadmon second démiurge, créera le monde matériel plein d'erreurs et de maux. En effet, si l'étincelle divine qui est en lui peut jouer le rôle démiurgique du Père et du Fils dans le plan divin, le principe qui le complète, la Nature Naturée est d'une autre origine et ne peut en aucun cas être comparée à la Vierge Mère Éternelle. De plus sa propre nature incomplète ne lui permet pas de renouveler éternellement sa création comme peut le faire le Verbe Incréé au sein de la Nature Naturante.

Si nous considérons l'Arbre de Vie, la rupture de l'arbre, la séparation se produit après Tipheret au niveau de Hod et Yesod entre les deux démiurges. Adam organise le monde matériel en copiant la divinité ; il se crée un double, l'homme de matière ou Adam Bélial ou Adam des Ecorces. Pour l'animer il lui faut puiser en sa propre essence. Mais alors que l'étincelle que lui avait infusé le Verbe ne retirait rien à l'éternelle plénitude de ce dernier, Adam Kadmon n'est pas Dieu, mais une créature psychique. En incorporant une parcelle de sa nature à la matière inanimée, c'est une partie de son essence propre qui se dégrade et s'enfonce dans la matière. Entre l'Adam d'avant la chute et celui d'après il y a une différence essentielle : l'un est un être collectif vivant sur un plan différent de celui du second, être individualisé. Cependant la Trinité divine, les dieux personnalisés ne peuvent laisser s'amoindrir et disparaître le Bien Total apanage de leur essence et qui subsiste péniblement dans le monde obscur créé par Adam.

Le Mal n'existe pas réellement et n'est que le Bien diminué car seul le Bien existe puisque Dieu est le seul Etre existant réellement. Le mal n'existe sous forme de Bien diminué que dans le domaine cahotique du monde matériel.

Les trois personnes du Dieu Un se manifesteront toutes trois dans ce domaine. C'est là l'ésotérisme de la Rédemption. Le Père le fera par la force de la Volonté ; la Mère par la Miséricorde, la Protection ; le Verbe par le secret du moyen : la Connaissance. C'est lui qui agissant par inductions spirituelles sur les hommes illuminera progressivement l'âme humaine imparfaite enfermée par Adam Kadmon dans l'enveloppe matérielle. C'est le symbole du serpent du jardin d'Eden.

La cosmogenèse rosicrucienne peut ainsi se résumer dans le tableau ci-contre.

La doctrine Druze. Aux différentes gnoses classiques que nous venons d'évoquer nous pouvons rattacher la religion des Druzes, ce petit peuple qui fait périodiquement parler de lui. En effet leur religion n'est pas d'aspect exotérique comme toutes les religions actuelles, mais est spécifiquement ésotérique et ses membres comprennent de nombreux sages que nous aurions tendance à nommer des initiés. Cette religion est née vers 985 dans une Egypte qui vivait l'âge d'or de la culture musulmane qui y rencontrait toutes les traditions ésotériques grecques, juives, chrétienne et même indoue. Le nom de Druze dérive du nom d'un des missionnaires envoyé par le calife Al-Hakim pour propager cette doctrine dans cette région du Proche-Orient, et qui se nommait Al-Darazi. Le véritable nom des fidèles de cette religion issue de l'Islam est « Mouwahhidine » : ceux qui croient en l'Unité de Dieu. La base de leur doctrine est l'interprétation ésotérique de la Genèse dont l'historicité n'a pas pour eux de valeur essentielle et dont seule compte l'interprétation spirituelle, ce qui les amène à une véritable gnose que nous pouvons résumer ainsi :

Avant tous les commencements Dieu-Être est. Il est l'Incréé sans attribut, l'informulable. De la conscience qu'il a de lui-même émane une première essence, la Raison Universelle, l'Intelligence Universelle ou l'Esprit Universel. Elle est la cause des causes, pure lumière, pur amour et pure connaissance. La finalité de cette essence était de se concentrer sur le Dieu-Être. Mais il advint qu'elle prit conscience de son

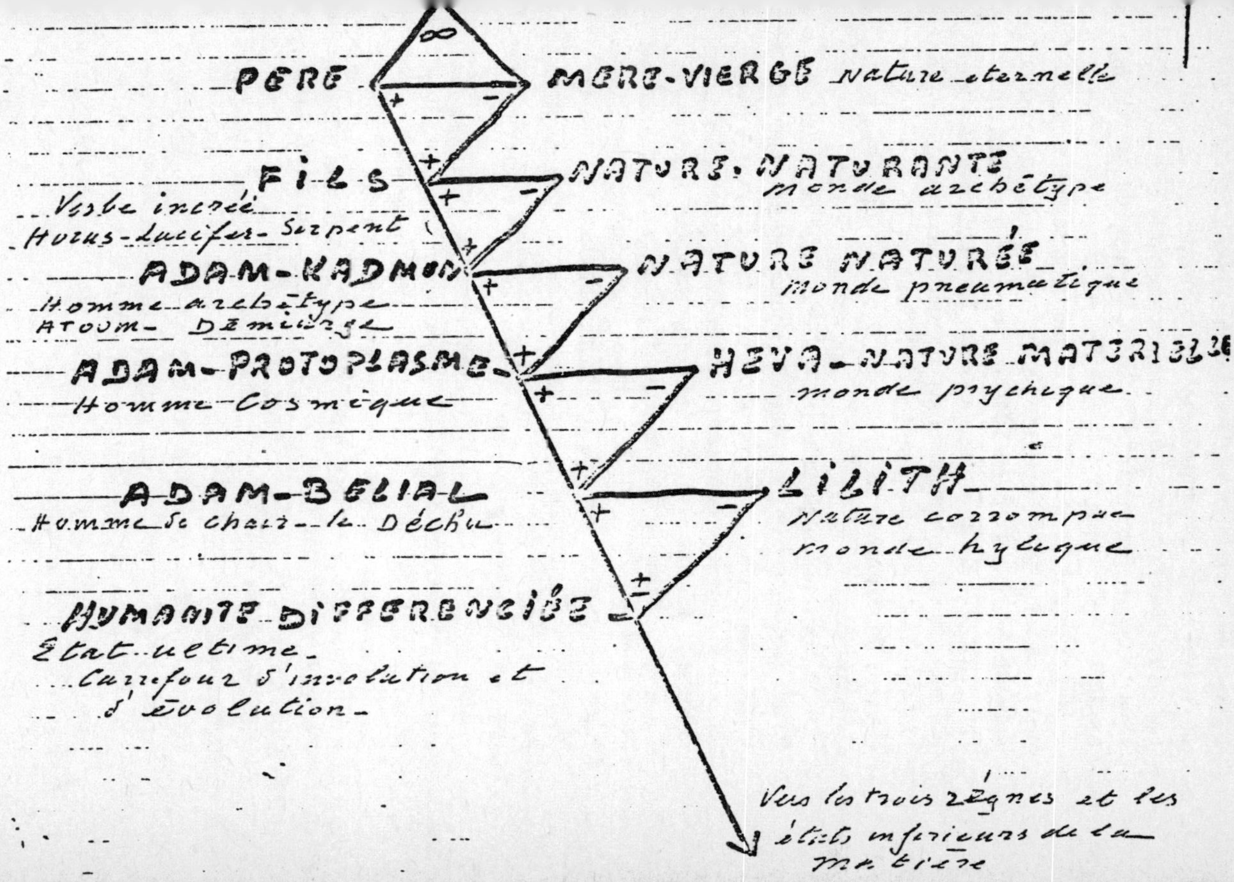
∞
PÈRE
MÈRE-VIERGE Nature éternelle
FILS
Verbe incréé
Horus-Lucifer-Serpent
NATURE-NATURANTE
Monde archétype
ADAM-KADMON
Homme archétype
ATOUM- Démiurge
NATURE NATURÉE
Monde pneumatique
ADAM-PROTOPLASME
Homme Cosmique
HEVA-NATURE MATÉRIELLE
monde psychique
ADAM-BELIAL
Homme de chair - le Déchu
LILITH
Nature corrompue
monde hylique
HUMANITÉ DIFFÉRENCIÉE
État ultime
Carrefour d'involution et d'évolution
Vers les trois règnes et les états inférieurs de la matière

individualité et se contempla elle-même, se voyant unique et sans rival. Cette contemplation de soi-même, qui constitue une absence de conscience d'Être, engendra la création par Dieu d'une essence rivale : l'obscurité à partir du sein de la Lumière et qui s'opposa à la lumière. Ainsi prit naissance la dualité. Constatant ceci, l'Esprit lumière, la première essence prit conscience de sa limitation par rapport à l'Etre et appela l'obscurité, le Rival à obéir à Dieu ; mais cette dernière refusa. L'Esprit demande alors assistance à l'Être qui engendre par un mouvement cosmique une deuxième essence : l'Ame Universelle à partir de l'Esprit et du Rival.

Cette Ame universelle est constituée ainsi de lumière et d'obscurité.

Ame et Esprit conjuguent leurs efforts pour convaincre le Rival, mais encore en vain. Sur leur demande l'Être engendre une troisième essence le Verbe, à partir de l'Esprit universel et une quatrième nommée l'Antécédent, à partir de l'Ame universelle. Ensuite Dieu engendre une cinquième essence : le Suivant, du sein de l'Antécédent. C'est à partir de là que l'Univers et tout ce qu'il contient est venu à l'existence. Les âmes individuelles émanent de l'Esprit Universel et trouvent leur raison d'être dans la connaissance de la pure lumière. Pour les Druzes une unité totale avec l'Être ne peut être obtenue, l'expérience s'arrête à la vision. Même l'Esprit Universel, qui est une émanation de l'Etre ne peut être Un avec lui. Mais l'âme individuelle possède néanmoins une parcelle d'Être qu'elle peut utiliser. Elle peut connaître l'Être par l'intermédiaire de l'Esprit Universel qui est le Soi.

L'Esprit Universel est aussi Raison Universelle, l'âme incarnée pourra l'appréhender par la raison humaine. Cette âme est en conflit perpétuel : attirée d'une part par les apparences du monde manifesté et d'autre part par ses tendances essentielles vers son origine. Dans ce conflit l'âme ne peut que faire appel à la raison pour l'aider à dominer les tentations du monde et lui donner accès à l'essence. Il y a donc primauté de la Connaissance (Gnosis) qui s'établit lorsque nous avons résolu le conflit entre le penchant au morcellement et l'aspiration à l'unité.

Vaincre les désirs et ne pas s'attacher aux objets des sens consiste à accepter la vie dans le monde mais sans attachement. C'est là le vrai renoncement qui nous fait aussi accepter la mort car il se fonde sur la prise de conscience que la réalité n'est ni dans la naissance ni dans la mort, mais bien au-delà. D'ailleurs pour les Druzes l'expérience individuelle ne s'arrête pas à la mort physique; tant que l'âme n'a pas pris conscience de sa vérité essentielle, par la méditation et l'action, elle se réincarne autant de fois que nécessaire pour parvenir à cette connaissance de son origine et de sa nature réelle. Elle revient dans le monde manifesté des opposés, affronter la souffrance jusqu'à pouvoir l'assumer et la transcender. L'âme humaine est responsable d'elle-même du fait de la loi de cause à effet (le karma des indous) et doit accepter cette situation; personne ne pouvant le faire à sa place et être rendu responsable. Pour pouvoir être responsable l'âme est libre. Dieu n'intervient pas dans l'action des hommes.

Si par son omniscience il connaît l'action de l'âme, il ne l'influence pas. Cette liberté est pourtant conditionnée par le résultat de nos actions, mais s'accroît au fur et à mesure que nous nous purifions, et cela jusqu'à l'infini lorsque l'âme entre dans l'Océan de sa Cause. Elle ne peut accéder à l'Unité qu'en transcendant son propre Ego et cela par l'amour du Soi, de l'Etre qui se traduit sur le plan humain par l'amour du Bien-Aimé, du mystique, du poète, de l'artiste, etc. L'âme trouve dans l'amour le moyen de rapprocher le sujet et l'objet jusqu'à l'Union. Alors l'Ego disparaît et cette expérience peut nous amener à retrouver notre origine. Là Amour et Connaissance, les attributs du Fils se rejoignent.

BIBLIOGRAPHIE

Peter TOMPKINS, *La Vie secrète des plantes,* éd. R. Laffont.

Jacques d'ARÈS, *Les Avatars du christianisme,* éd. du Jour.

Annick de SOUZENELLE, *Le Symbolisme du corps humain,* éd. Dangles.

J.-P. BAYARD, *La Symbolique du feu,* éd. Payot.

J. DUCHAUSSOY, *Les Métaux non ferreux en France,* La Documentation française.

J. DUCHAUSSOY, *Le Bestiaire divin,* Le Courrier du livre.

Von DURCKEIM, *Hara,* Le Courrier du livre.

A. DESJARDINS, *Le Message des Thibétains,* La Palatine.

A. DESJARDINS, *Les Chemins de la Sagesse,* La Palatine.

ENOCH, *Le Livre des secrets d'Enoch,* R. Laffont.

Vadim DEGLIN, *Les Hémisphères cérébraux,* « Courrier de l'Unesco », janvier 1976.

Roger COOK, *L'Arbre de Vie,* Le Seuil.

John SHARKEY, *Mystères celtes,* Le Seuil.

Rémy CHAUVIN, *Certaines choses que je ne m'explique pas,* Retz.

Sri AUROBINDO, *La Manifestation supramentale sur la terre,* Buchet Chastel.

Isha SCHWALLER de LUBICZ, *La Lumière du Chemin,* Buchet Chastel.

Robert LINSSEN, *Essai sur le Zen,* La Colombe.

Maya PINÈS, *Transformer le cerveau,* Buchet Chastel.

Philip RAWSON, *L'Art du tantrisme,* Art et matière graphiques.

St.-JEAN de la CROIX, *La Montée du Carmel,* Le Seuil.

St.-JEAN de la CROIX, *Œuvres spirituelles,* Le Seuil.

Noutte GENTON-SUNIER, *Exégèse spirituelle,* La Baconnière.

TABLE

Achevé d'imprimer en février 1979
sur les presses de l'imprimerie Bussière
à Saint-Amand (Cher)
pour le compte de France Loisirs
123, boulevard de Grenelle, Paris

Dépôt légal : 1er trimestre 1979.
— N° d'édit. 4062. — N° d'imp. 2097. —
Imprimé en France